Katakana LERNEN

STUDIENFÜHRER UND SCHREIBÜBUNGSHEFT

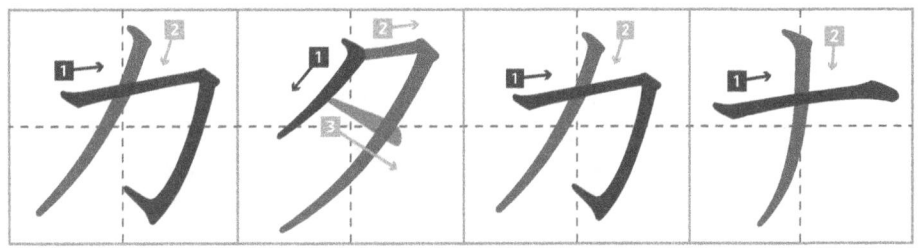

ARBEITSBUCH FÜR ANFÄNGER

© Copyright 2020 George Tanaka
Alle Rechte Vorbehalten

POLYSCHOLAR

www.polyscholar.com

Rechtliche Hinweise: Dieses Buch ist urheberrechtlich geschützt. Dieses Buch ist nur für den persönlichen Gebrauch bestimmt. Der in diesem Buch enthaltene Inhalt darf ohne direkte schriftliche Genehmigung des Autors oder des Herausgebers nicht reproduziert, vervielfältigt oder übertragen werden. Sie dürfen den Inhalt dieses Buches ohne die Zustimmung des Autors oder des Herausgebers nicht verändern, verteilen, verkaufen, verwenden, zitieren oder paraphrasieren.

© Copyright 2020 George Tanaka
Alle Rechte Vorbehalten

Rechtliche Hinweise: Dieses Buch ist urheberrechtlich geschützt. Dieses Buch ist nur für den persönlichen Gebrauch bestimmt. Der in diesem Buch enthaltene Inhalt darf ohne direkte schriftliche Genehmigung des Autors oder des Herausgebers nicht reproduziert, vervielfältigt oder übertragen werden. Sie dürfen den Inhalt dieses Buches ohne die Zustimmung des Autors oder des Herausgebers nicht verändern, verteilen, verkaufen, verwenden, zitieren oder paraphrasieren.

INHALT

TEIL 1	Einführung	4
	So verwenden Sie dieses Buch	4
	Hintergrundinformationen	5
	Katakana-Tabellen & Grundregeln	7
	Tipps zum Schreiben	11
TEIL 2	Katakana Schreiben Lernen	13
TEIL 3	Genkouyoushi	106
TEIL 4	Katakana Flash-Karten	122

Tipp: *Dieses Buch funktioniert am besten mit Gelschreibern, Bleistiften, Kugelschreibern und ähnlichen Materialien. Seien Sie vorsichtig mit Markern und Tinte, da schwere oder nasse Medien zum Anlaufen des Papiers oder zur Übertragung auf die darunter liegenden Seiten führen können. Hier sind einige Testfelder, um zu prüfen, wie geeignet Ihre Stifte sind:*

Einführung

JAPANISCH LERNEN

Die zweite japanische Schrift, der wir beim Erlernen des Lesens, Schreibens und Sprechens der japanischen Sprache begegnen, ist **Katakana!** Wenn Sie mit dem Nachschlagen von Diagrammen der Zeichen beginnen, wird es schnell zu einer entmutigenden Aufgabe - aber dieses Buch wurde so konzipiert, dass Sie es **einfacher und schneller** in den Griff bekommen.

Wir beginnen mit einigen grundlegenden Hintergrundinformationen, um Ihnen ein besseres Verständnis dafür zu vermitteln, wie das gesamte Sprachsystem funktioniert. Dann, nach einem kurzen Blick auf die verschiedenen "Alphabete" *(ja, es gibt mehr als eins!)*, werden wir direkt mit dem Lernen von Katakana beginnen!

WIE SIE DIESES BUCH VERWENDEN

Wie beim Erlernen jeder Sprache ist die Wiederholung einer der schnellsten Wege, sie zu lernen. Dieses Arbeitsbuch enthält sorgfältig gestaltete Anleitungen, die Ihnen beibringen, wie man jedes Zeichen schreibt, mit Platz zum Üben Ihrer neu erworbenen japanischen Kalligraphiekenntnisse:

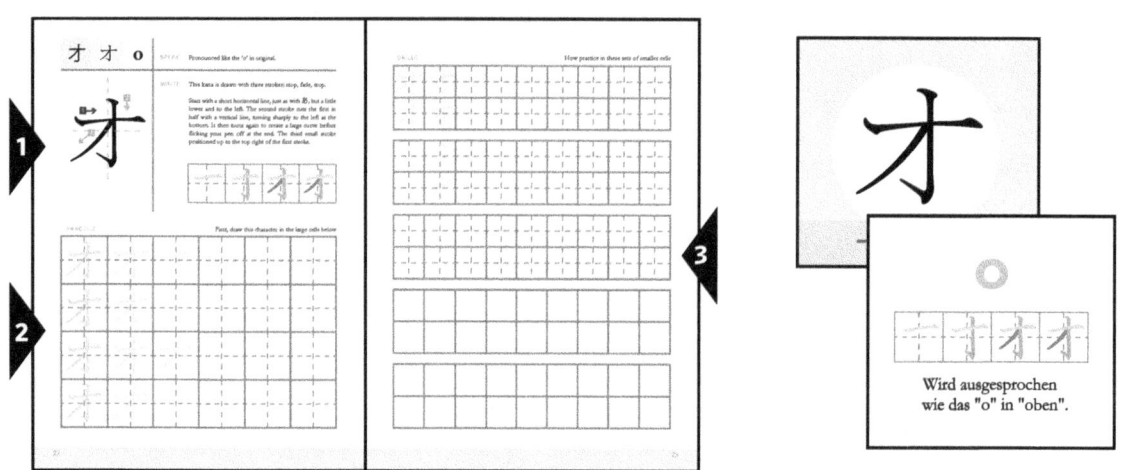

Im hinteren Teil dieses Arbeitsbuchs finden Sie zusätzliche Raster, die Sie verwenden können, nachdem Sie gelernt haben, einige (oder sogar alle) Katakana zu schreiben - diese Rasterseiten werden traditionell als Genkouyoushi (oder 原稿用紙 auf Japanisch) bezeichnet, was "Manuskriptpapier" bedeutet.

Der letzte Teil dieses Arbeitsbuchs enthält eine Reihe von Seiten im Stil von Lernkarten, die entweder fotokopiert oder ausgeschnitten werden können. Sie sind eine großartige Hilfe, um sich die Symbole einzuprägen und Ihr Wissen zu testen. *Jüngere Lernende sollten sich beim Ausschneiden von einem Erwachsenen helfen lassen!*

Hintergrundinformationen

JAPANISCHE SCRIPTE

Wenn Sie Japanisch lernen, werden Sie auf vier sehr unterschiedliche Arten von Schriften (oder Alphabete) stoßen. Das mag sich zunächst kompliziert anhören, aber es sollte gleich viel mehr Sinn ergeben - vor allem, weil Sie bereits eine davon verstehen werden!

RŌMAJI ロマンジ

Wörtlich übersetzt bedeutet dies "römische Buchstaben" und ist eigentlich nur eine Darstellung der japanischen Sprache mit bekannten englischen Buchstaben. Sie wird nur verwendet, um die Sprache in eine Form zu übersetzen, die Nicht-Japaner verstehen können. Im alltäglichen Gebrauch ist sie nicht sehr verbreitet.

Die anderen drei Schriften, Hiragana, Katakana und Kanji, werden ständig verwendet, und sie werden normalerweise kombiniert, um Wörter und Sätze in der japanischen Alltagssprache zu bilden. Jede Schrift hat ihren eigenen Zweck und zusammen sagen sie uns, was Wörter bedeuten, woher sie kommen und wie sie ausgesprochen werden sollten.

HIRAGANA ひらがな

あいうえおかきくけこ

Dies ist die erste Schrift, die wir lernen, und sie besteht aus einfachen Zeichen, die aus runden Formen bestehen. Anders als das englische Alphabet ist es eine phonetische Schrift, und jedes Zeichen steht für einen Silbenlaut. Jedes Mal, wenn Sie ein bestimmtes Zeichen sehen, werden Sie wissen, wie es klingt.

KATAKANA カタカナ

アイウエオカキクケコ

Auch dies ist eine einfache phonetische Schrift. Katakana stellen die gleichen Silbenlaute dar wie Hiragana, werden aber für Wörter verwendet, die aus anderen Sprachen entlehnt wurden, wie z.B. ausländische Namen, moderne Technologien oder Lebensmittel. Ihr Erscheinungsbild ist kantiger und stacheliger.

KANJI 漢字

Hintergrundinformationen

Wörtlich übersetzt als "chinesische Buchstaben" sind Kanji Zeichen, die der chinesischen Sprache entlehnt sind. Im Gegensatz zu den anderen Schriften, die Laute darstellen, zeigen Kanji-Symbole Bedeutungsblöcke, wie ganze Wörter oder eine allgemeine Idee über etwas.

年本月生米前合事社京

Es gibt buchstäblich Tausende von Kanji, und es werden ständig neue geschaffen, sodass sie selbst für die fortgeschrittensten Linguisten eine ziemliche Herausforderung darstellen. Es gibt eine gewisse Logik, wie sie gemacht werden, sodass Sie schließlich erraten oder verstehen könnten, was diese Symbole bedeuten, die Sie vorher noch nicht gesehen haben.

KANA-SILBENBÜCHER

Hiragana und Katakana (allgemein als Kana bekannt) haben jeweils 46 Grundzeichen, die im Gegensatz zu den englischen Buchstaben einen anderen gesprochenen Laut (anstelle eines Buchstabens) darstellen.

Hiragana	あ	い	う	え	お
Katakana	ア	イ	ウ	エ	オ
Romaji	a	i	u	e	o
	'ah'	'ee'	'oo'	'eh'	'oh'

Praktisch alle diese Laute basieren auf nur 5 "Vokallauten", denen wir einen Konsonantenlaut voranstellen, um neue zu bilden.

Dieses Buch zeigt Ihnen, wie Sie alle grundlegenden Katakana schreiben können, und auch, wie zusätzliche Laute durch die Kombination der Grundzeichen entstehen. Am Ende des Buches werden Sie in der Lage sein, die Zeichen zu schreiben, die die meisten der für Japanisch benötigten Laute bilden.

Die nächsten Seiten enthalten eine Menge Informationen, aber versuchen Sie, sich davon nicht überwältigen zu lassen. Zusätzlich zu den Diagrammen aller grundlegenden Kana, die Sie lernen werden, werden wir einige der grundlegenden Regeln zum Kombinieren dieser Symbole aufschlüsseln - dann ist es Zeit, den Stift zu Papier zu bringen!

Katakana-Tabelle

Diese Tabelle zeigt die 46 Grund-Katakana mit einer Schreibweise in Romaji für einen ähnlichen phonetischen Klang. Die Vokallaute stehen oben und ihre Gegenstücke mit Konsonantenlauten sind darunter dargestellt. **Beachten Sie die Ausnahme 'n' - außerdem ist *wo ein ungewöhnliches Kana.*

	a	i	u	e	o
	ア a	イ i	ウ u	エ e	オ o
k	カ ka	キ ki	ク ku	ケ ke	コ ko
s	サ sa	シ shi	ス su	セ se	ソ so
t	タ ta	チ chi	ツ tsu	テ te	ト to
n	ナ na	ニ ni	ヌ nu	ネ ne	ノ no
h	ハ ha	ヒ hi	フ fu	ヘ he	ホ ho
m	マ ma	ミ mi	ム mu	メ me	モ mo
y	ヤ ya		ユ yu		ヨ yo
r	ラ ra	リ ri	ル ru	レ re	ロ ro
w	ワ wa		ン **n		ヲ *wo

Vokale / Konsonanten

DIAKRITIKA

Genau wie bei Hiragana gibt es in Katakana 25 diakritische Zeichen. Sie werden auf die gleiche Weise verwendet, um anzuzeigen, wenn ähnlich klingende Silben unterschiedlich ausgesprochen werden müssen. Noch praktischer ist, dass die Zeichen zur Anzeige dieser Klangveränderung identisch sind:

Grundlegend   mit Dakuten   mit Handakuten

Die Regeln für diakritische Zeichen in Katakana funktionieren auf die gleiche Weise. Dakuten und Handakuten zeigen uns, dass der konsonantische Teil des Klangs beim Sprechen verändert werden muss:

- k-Laute werden mit einem g-Laut ausgesprochen.
- s-Laute werden zu einem z-Laut (außer し).
- t-Laute werden zu d-Lauten.
- h-Laute werden mit Dakuten zu b-Lauten.
  ...oder P-Laute mit dem Handakuten.

	a	i	u	e	o
k ▶ g	ガ ga	ギ gi	グ gu	ゲ ge	ゴ go
s ▶ z	ザ za	ジ ji	ズ zu	ゼ ze	ゾ zo
t ▶ d	ダ da	ヂ dzi (ji)	ヅ dzu	デ de	ド do
h ▶ b	バ ba	ビ bi	ブ bu	ベ be	ボ bo
h ▶ p	パ pa	ピ pi	プ pu	ペ pe	ポ po

Modifikatoren

DIGRAPHEN

Modifikatoren

Hier sind auch die Digraphen für Katakana - wieder einmal verwenden wir zwei Grundzeichen, um zu zeigen, wo zwei Silbenlaute zu einem weiteren kombiniert werden. *Einfach, oder?*

キ + ヤ = キャ
(ki) (ya) (kya)

Die verwendeten Zeichen haben die gleichen Klänge wie die beiden entsprechenden Hiragana. Die Wichtigkeit, das zweite Symbol kleiner als das erste zu schreiben, gilt weiterhin.

Die Aussprache dieser sogenannten zusammengesetzten Katakana-Laute ist ebenso einfach - zum Beispiel wird キ (ki) + ヤ (ya) zu キャ (kya) und wir sprechen es als "kiya" ohne den "i"-Laut aus.

Die Katakana-Digraphen verwenden nur Buchstaben aus der Spalte イ/i (außer sich selbst) und durch Buchstaben aus der Zeile Y modifiziert werden!

キャ kya	キュ kyu	キョ kyo	ギャ gya	ギュ gyu	ギョ gyo
シャ sha	シュ shu	ショ sho	ジャ ja	ジュ ju	ジョ jo
チャ cha	チュ chu	チョ cho	ニャ nya	ニュ nyu	ニョ nyo
ニャ hya	ヒュ hyu	ヒョ hyo	ビャ bya	ビュ byu	ビョ byo
ピャ pya	ピュ pyu	ピョ pyo	リャ rya	リュ ryu	リョ ryo
ミャ mya	ミュ myu	ミョ myo			

DOPPELKONSONANTEN

Einige japanische Wörter enthalten einen doppelten Konsonantenlaut. Wenn wir diese Wörter schreiben, fügen wir ein zusätzliches Symbol in Form eines kleinen ツ / tsu (genannt sokuon) hinzu, um zu zeigen, dass es anders ausgesprochen werden muss. Schauen wir uns ein Beispiel an:

ペット petto
(pe ッ ← to)

Ohne das kleine ツ (tsu), hat das Wort ペト (peto) keine Bedeutung aber ペット (petto), mit dem sokuon, bedeutet Haustier - wie ein Hamster oder eine Katze!

Beachten Sie, dass das kleine ツ vor dem Zeichen steht, von dem es den zusätzlichen Konsonantenlaut übernimmt. Wenn Sie Wörter mit diesem Modifikator sehen, wird der konsonantische Teil des Zeichens, das ihm folgt (in diesem Beispiel das "t" von "to"), an das Ende des Lautes davor angefügt.

Beide Konsonanten müssen beim Sprechen des Wortes getrennt zu hören sein, so als würde man "pet--to" sagen, aber ohne eine hörbare Lücke zu hinterlassen.

LANGE VOKALLAUTE

Genauso wie es doppelte Konsonantenlaute gibt, müssen wir uns auch der verlängerten Vokallaute bewusst sein (z.B. aa, ii, oo, ee, und uu). Wenn gesprochen, wird die Dauer des Lautes verlängert (in der Regel wieder verdoppelt), aber wenn wir in Katakana schreiben, verwenden wir einen Strich ー (genannt 伸ばし棒, was wörtlich "Streckstab" bedeutet).

Dies ist eine Möglichkeit, wie sich Katakana von Hiragana unterscheidet, abgesehen von den Formen, da dieses ein zusätzliches Vokalsymbol verwendet, um einen langen Vokallaut zu kennzeichnen. Schauen wir uns einige Beispiele an:

フ + リ = フリー   ケ + キ = ケーキ
(fu) (ri)—   fu-rii kostenlos   (ke)— (ki)   kee-ki Kuchen
                     (free)   (cake)

Es ist erwähnenswert, dass der "Dehnungsbalken" zu einer vertikalen Linie gedreht wird, wenn Text vertikal geschrieben wird.

Tipps zum Schreiben

SCHREIBRICHTUNG

Japanische Texte sind oft in vertikalen Spalten angeordnet, die von oben nach unten geschrieben und gelesen werden, eine Spalte nach der anderen, beginnend auf der rechten Seite. Seit dem Ende des Zweiten Weltkriegs wird die bekanntere horizontale Ausrichtung verwendet - gelesen wird von links nach rechts, wie in der englischen Sprache. Dies gilt für alle unterschiedlichen Schriften.

Der Text in diesen Beispielen ist bis auf die Lese- und Schreibrichtung identisch:

私は犬を飼っています。
彼女は行儀が良い。
彼らは寝るのが好きです。
多くの場合、一日中。
多分彼女は怠け者です。

Tategaki
縦書き
('vertikales Schreiben')

私は犬を飼っています。
彼女は行儀が良い。
彼らは寝るのが好きです。
多くの場合、一日中。
多分彼女は怠け者です。

Yokogaki
横書き
('horizontales Schreiben')

Beide Stile sind akzeptiert und werden oft aufgrund des Layouts und Designs des Dokuments gewählt. Im Allgemeinen werden vertikale Layouts für traditionelle Texte verwendet, während horizontaler Text in moderneren Schriften oder auf offiziellen Dokumenten zu finden ist. Eine Sache, die Sie sich merken sollten, ist, dass Bücher mit dem tategaki (vertikalen) Schreibstil in der entgegengesetzten Richtung zu englischen Büchern gebunden sind, so dass Sie tatsächlich mit dem Lesen vom hinteren Einband beginnen!

PRONUNKATION

Das Erlernen einer guten Aussprache des Japanischen beginnt mit dem Erlernen der Kana-Schriften, da diese die meisten Laute abdecken, die wir für die gesamte Sprache benötigen. Es ist wichtig, dieses frühe Stadium zu üben, wenn Sie einen natürlich und muttersprachlich klingenden Akzent entwickeln wollen.

Hinweis: Dieses Arbeitsbuch enthält eine sehr grundlegende Einführung in die japanische Aussprache, da diese am effektivsten mit Audio unterrichtet wird. Jede der Übungsseiten verwendet ein ähnlich klingendes Wort oder eine Silbe aus dem Englischen, um die Laute zu beschreiben - es ist eine gute Übung, diese laut zu wiederholen, während Sie durch das Buch gehen.

Tipps zum Schreiben

STRICHE & LINIEN

Japanische Schriften wurden ursprünglich mit einem Pinsel geschrieben und haben ein tintiges, gemaltes Aussehen. Heutzutage verwenden wir moderne Stifte, aber es ist wichtig, dass wir lernen, mit den traditionellen Bewegungen und Strichen zu schreiben. Praktischerweise enthält das Hiragana-Zeichen け (oder 'ke') jede der drei Arten von Strichen, die Sie verwenden werden - um zu beschreiben, wie man die Zeichen im nächsten Kapitel schreibt, haben wir ihnen Namen gegeben, die widerspiegeln, wie sie gemacht sind und aussehen:

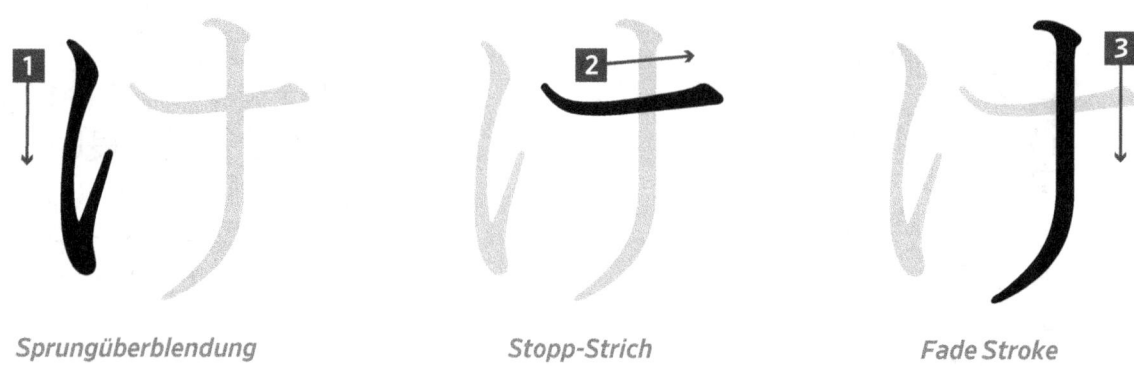

Sprungüberblendung   *Stopp-Strich*   *Fade Stroke*

Die **'Sprungüberblendung'** wird mit einem schnellen Abheben des Stifts vom Papier am Ende dieses Strichs ausgeführt. Der **'Stopp-Strich'** ist genau das, wonach er klingt: Ihr Strich wird zu einem definitiven Stopp gebracht, bevor Sie den Stift anheben. Ein **'Fade Stroke'** wird gemacht, indem Sie Ihren Stift sanfter vom Papier abheben, während Ihre Hand in Bewegung ist. Sie können sich vorstellen, wie die Linie dünner wird und ausläuft, wenn Sie eine dicke, nasse Pinselspitze allmählich vom Blatt abheben.

SCHREIBSTIL

Dieses Buch wird Ihnen beibringen, wie man Hiragana mit den Standardbewegungen schreibt, die auf den gebürsteten Erscheinungen basieren, aber Sie werden im Laufe des Lernens auf andere Zeichenstile stoßen:

Diese Zeichen haben alle die gleiche Bedeutung, sehen aber nur etwas anders aus, weil sie entweder von Hand, mit Kugelschreibern oder Bleistiften angefertigt oder als moderne digitale Schrift auf einem Bildschirm (oder im Druck) dargestellt werden. Auch wenn sich das Aussehen leicht ändert, bleibt die Bedeutung erhalten.

Teil 2

LERNEN, WIE MAN KATAKANA SCHREIBT

ア	ア	**a**

SPRECHEN — Wird ausgesprochen wie das "A" in "Apfel".

LERNEN — Dieses Kana wird mit zwei Ausblendungsstrichen gezeichnet.

Der erste Strich beginnt als horizontale Linie von links, bevor er eine scharfe Kurve nach innen und unten zur Mitte macht. Beginnen Sie den zweiten Strich am Ende des ersten Strichs, indem Sie den Stift nach unten und nach links biegen. Der zweite Strich wird ausgeblendet, wenn er sich dem unteren linken Rand der Zelle nähert.

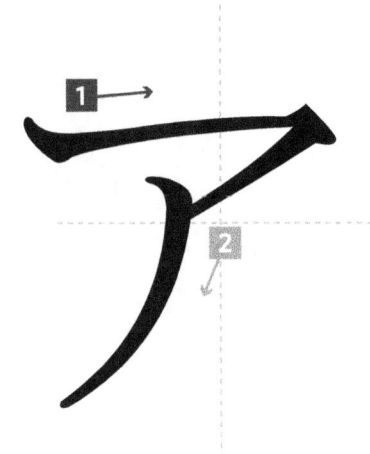

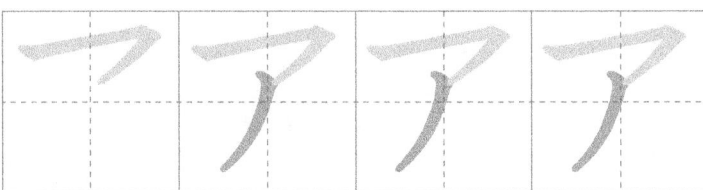

SCHREIBEN — Zeichnen Sie zunächst die Formen in den großen Zellen unten nach.

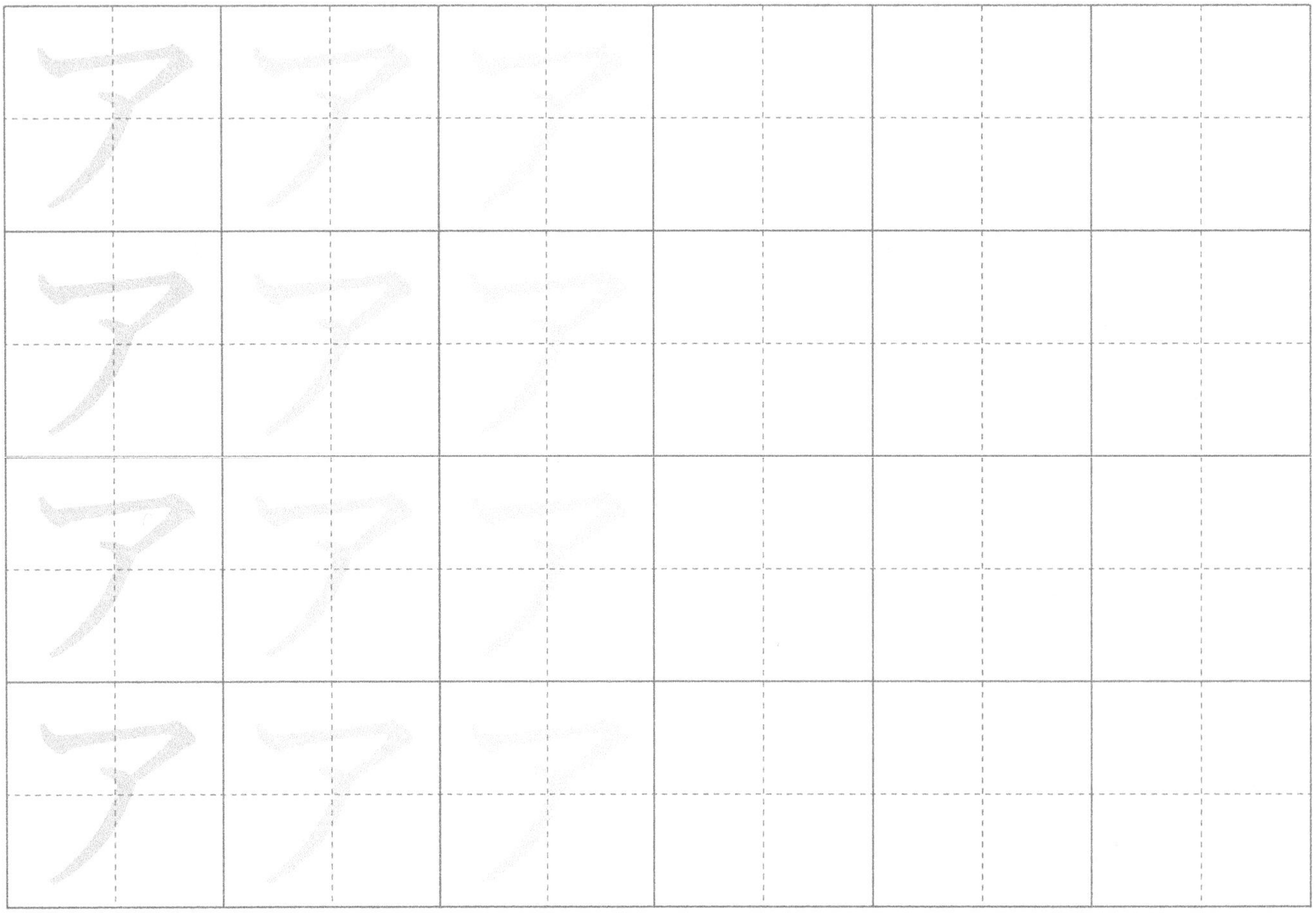

ÜBEN   Üben Sie nun das Zeichnen dieser Figur in diesen kleineren Zellen.

SPRECHEN   Wird wie das "I" in "Igel" ausgesprochen.

LERNEN   Dieses Kana wird mit zwei Strichen gezeichnet; einem Ausblenden und einem Stopp.

Ihre erste Markierung ist eine leicht gebogene diagonale Linie, die oben rechts in der Zelle beginnt und unten links ausläuft. Der nächste Strich beginnt um die Mitte Ihres ersten Strichs herum, genau rechts von der Mitte, und verläuft gerade nach unten bis zu einem Stopp in der Nähe des Bodens.

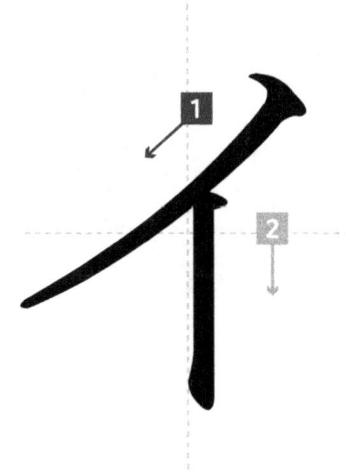

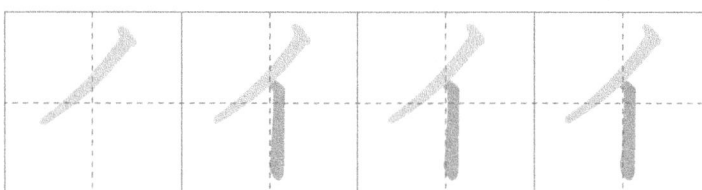

SCHREIBEN   Zeichnen Sie zunächst die Formen in den großen Zellen unten nach.

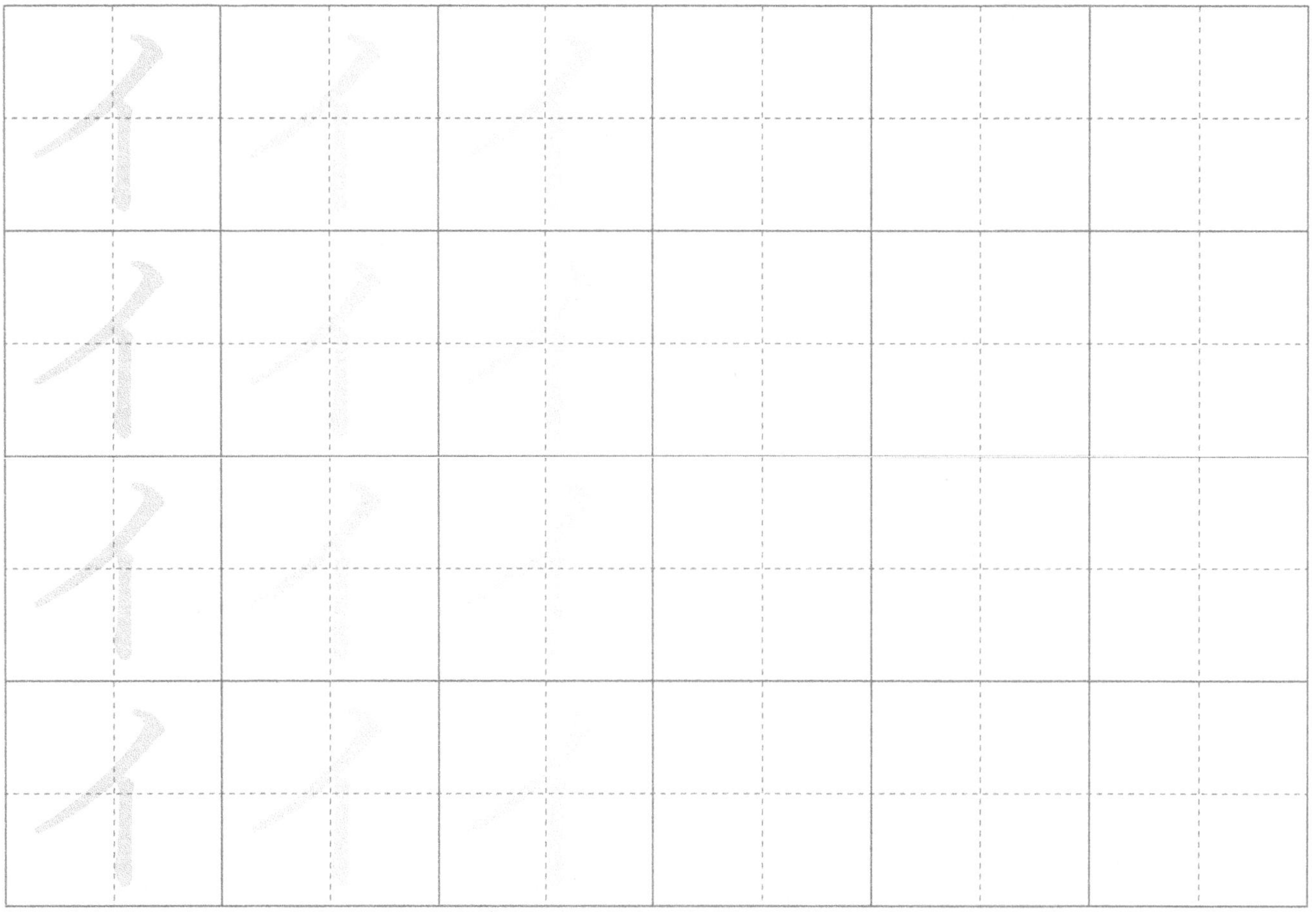

ÜBEN Üben Sie nun das Zeichnen dieser Figur in diesen kleineren Zellen.

ウ ウ **u**

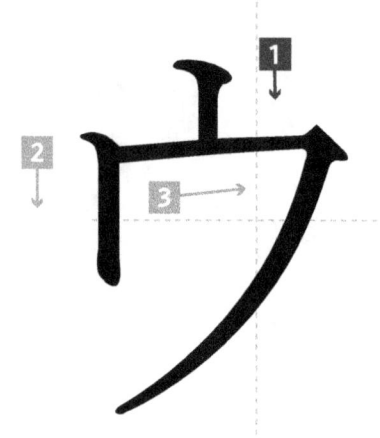

SPRECHEN   Wird ausgesprochen wie das "u" in "zu".

LERNEN   Mit drei Strichen gezeichnet: stop, stop, fade.

Machen Sie die erste vertikale Markierung mit einem kurzen Stoppstrich im oberen mittleren Bereich. Die zweite kurze Stoppmarkierung ist ein weiterer vertikaler Strich links von der ersten und etwas tiefer. Ihre letzte Markierung beginnt dort, wo die zweite begann. Bewegen Sie Ihren Stift horizontal von links nach rechts, berühren Sie das Ende des ersten Strichs und machen Sie dann rechts von der Zelle eine scharfe Kurve nach unten und links.

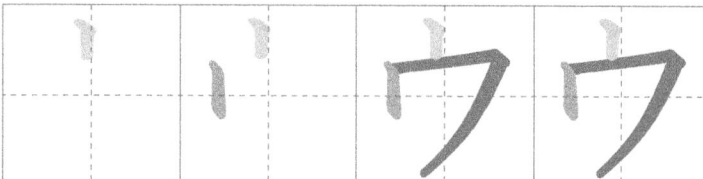

SCHREIBEN   Zeichnen Sie zunächst die Formen in den großen Zellen unten nach.

18

ÜBEN Üben Sie nun das Zeichnen dieser Figur in diesen kleineren Zellen.

| エ エ | e |

SPRECHEN Wird als "eh" ausgesprochen, wie das "E" in "Engel".

LERNEN Dieses Kana wird mit drei Strichen gezeichnet; alle Stopps.

Beginnen Sie mit der horizontalen Linie quer durch die Mitte im oberen Teil der Zelle. Ihr zweiter Strich beginnt dann in der Mitte des ersten, der über die Mittellinie gezogen wird. Der letzte Strich ist eine weitere horizontale Linie, von links nach rechts, die über das Ende der zweiten Markierung in der Mitte verläuft. Um sicherzustellen, dass Ihre Schrift eine gute Balance hat, sollte der letzte Strich breiter sein als der erste.

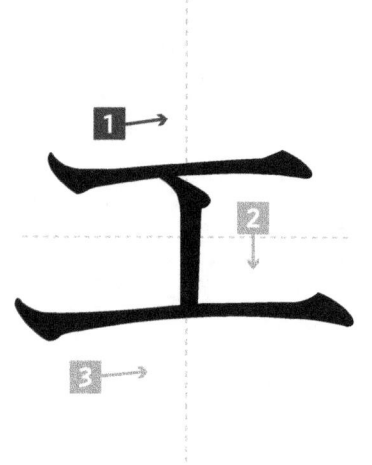

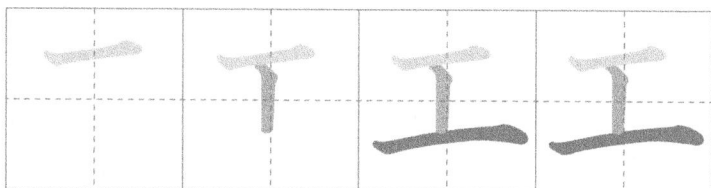

SCHREIBEN Zeichnen Sie zunächst die Formen in den großen Zellen unten nach.

ÜBEN Üben Sie nun das Zeichnen dieser Figur in diesen kleineren Zellen.

| オ | オ | **o** |

SPRECHEN Wird ausgesprochen wie das "o" in "oben".

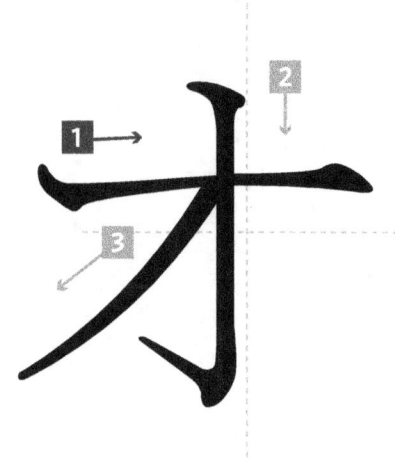

LERNEN Stopp, Sprungüberblendung und Überblendung.

Beginnen Sie damit, eine lange horizontale Linie von links nach rechts zu ziehen. Ihr zweiter Strich ist eine vertikale Linie, die sich mit dem ersten etwa ein Drittel des Weges von der rechten Seite schneidet. Beenden Sie den zweiten Strich, indem Sie den Stift von der Seite wegschnippen (dies wird als "Hane" bezeichnet). Ihr letzter Strich beginnt am Schnittpunkt der Striche 1 und 2 und verläuft nach unten und links mit einer Überblendung - er sollte nicht tiefer als der zweite Strich reichen.

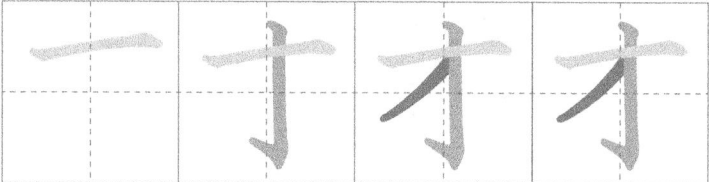

SCHREIBEN Zeichnen Sie zunächst die Formen in den großen Zellen unten nach.

ÜBEN Üben Sie nun das Zeichnen dieser Figur in diesen kleineren Zellen.

カ カ **ka**

SPRECHEN | Wird wie "Ka" ausgesprochen, wie in "Kaffee".

LERNEN | Dieses Kana wird mit zwei Strichen gezeichnet; Überblendung, Stopp.

Dies ist eine eckige Version von Hiragana か und beginnt mit einer leicht geneigten horizontalen Linie, die scharf nach unten abbiegt. Der abwärts gerichtete Teil sollte eine leichte Kurve nach hinten und schräg nach links haben. Beenden Sie diesen Strich mit einem Hane, indem Sie Ihren Stift vom Papier wegschnippen. Ihr zweiter Strich ist eine diagonale Linie nach unten, mit einer Kurve nach links und oben.

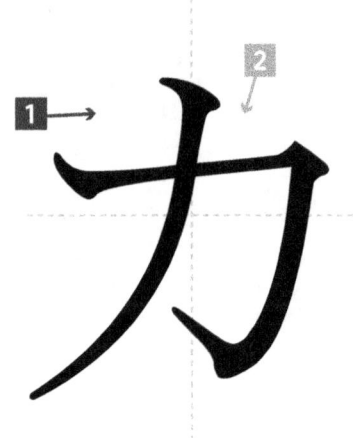

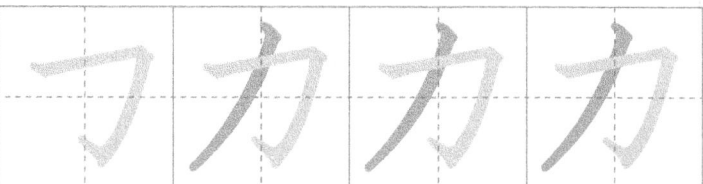

SCHREIBEN | Zeichnen Sie zunächst die Formen in den großen Zellen unten nach.

ÜBEN Üben Sie nun das Zeichnen dieser Figur in diesen kleineren Zellen.

 ki

SPRECHEN Wird ausgesprochen wie das "Ki" in "Kiste".

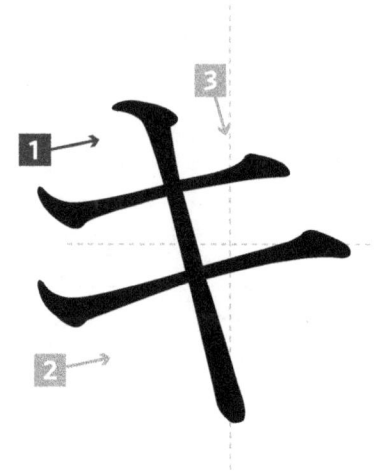

LERNEN Mit drei Strichen gezeichnet; Anschlag, Anschlag und Anschlag.

Sie werden feststellen, dass dieses Katakana auch dem Hiragana-Gegenstück sehr ähnlich ist - Striche 1 und 2 sind parallele diagonale Linien von links nach rechts, in aufsteigender Richtung, der zweite etwas länger als der erste. Ihr letzter Strich ist einfach ein weiterer gerader diagonaler Strich, von oben links nach unten rechts. Sie sollte ungefähr durch die Mitte Ihrer ersten beiden Striche gehen.

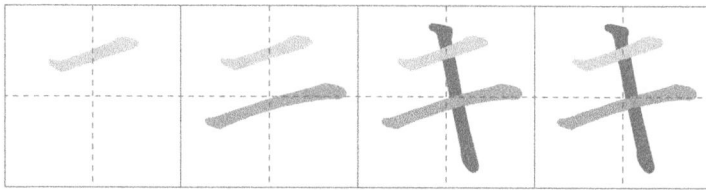

SCHREIBEN Zeichnen Sie zunächst die Formen in den großen Zellen unten nach.

ÜBEN Üben Sie nun das Zeichnen dieser Figur in diesen kleineren Zellen.

ク ク ku

SPRECHEN Ausgesprochen wie "Kuh".

LERNEN Mit zwei Strichen gezeichnet; beide verblassen.

Beginnen Sie mit dem ersten gebogenen diagonalen Strich von der oberen Mitte nach unten und nach links. Beginnen Sie den zweiten Strich etwa an der gleichen Stelle wie den ersten. Er beginnt mit einer viel kürzeren horizontalen Markierung als das vorherige Kana, bevor er eine scharfe Kurve macht und in eine weitere, viel längere diagonale Kurve nach unten und nach links. Üben Sie, die beiden diagonalen Teile parallel zueinander verlaufen zu lassen, um besonders sauber zu schreiben!

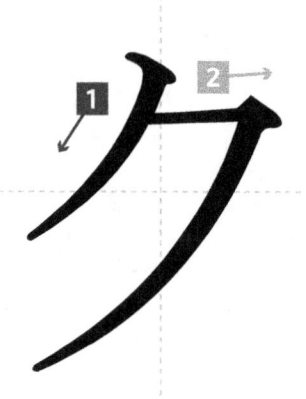

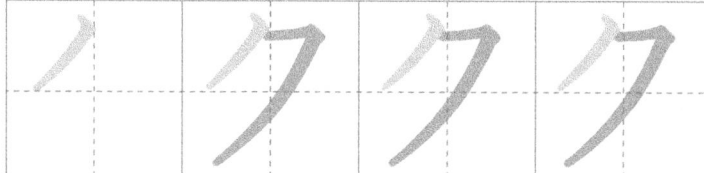

SCHREIBEN Zeichnen Sie zunächst die Formen in den großen Zellen unten nach.

ÜBEN Üben Sie nun das Zeichnen dieser Figur in diesen kleineren Zellen.

ケ ケ **ke**

SPRECHEN	Ausgesprochen wie das "ke" in "Keller".

LERNEN	Drei Striche: Überblendung, Stopp, Überblendung.

Beginnen Sie ähnlich wie beim vorherigen Katakana ク, zeichnen Sie die erste diagonale Linie und enden Sie mit einer Überblendung, indem Sie den Druck verringern und den Stift leicht anheben. Die zweite Markierung beginnt diesmal in der Mitte Ihres ersten Strichs und ist nur ein längerer horizontaler Strich, der aufhört. Beginnen Sie den dritten Strich in der Mitte der zweiten Linie und bewegen Sie Ihren Stift in einer Kurve nach unten und nach links mit einer Überblendung - parallel zum ersten.

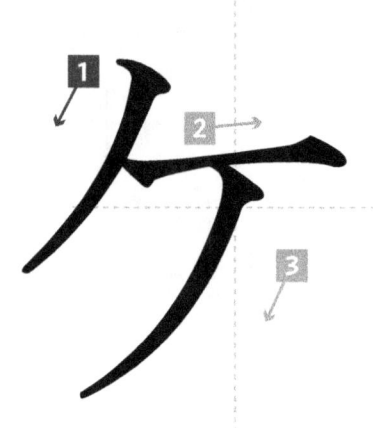

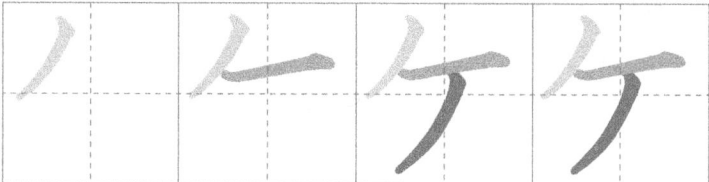

SCHREIBEN Zeichnen Sie zunächst die Formen in den großen Zellen unten nach.

ÜBEN   Üben Sie nun das Zeichnen dieser Figur in diesen kleineren Zellen.

コ コ ko

SPRECHEN Ausgesprochen "ko" wie in "Disko".

LERNEN Dieses Kana wird mit zwei Strichen gezeichnet: beide Stopps.

Die erste Markierung ist ein horizontaler Strich, der anhält und ziemlich scharf nach unten abbiegt. Die zweite Markierung ist ein weiterer waagerechter Strich von links, der mit einem Anschlag auf das Ende des ersten Strichs treffen sollte. Die beiden horizontalen Teile sollten parallel und gleich lang sein.

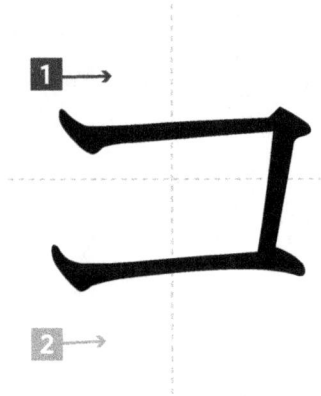

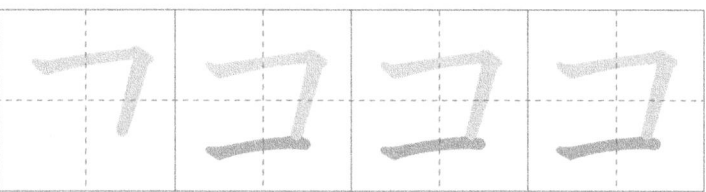

SCHREIBEN Zeichnen Sie zunächst die Formen in den großen Zellen unten nach.

ÜBEN Üben Sie nun das Zeichnen dieser Figur in diesen kleineren Zellen.

サ サ **sa**

SPRECHEN Wird wie das "ßa" ausgesprochen, wie in "großartig".

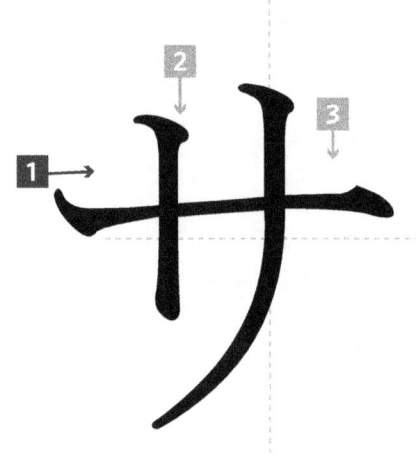

LERNEN Dieses Kana wird mit drei Strichen gezeichnet: stop, stop, fade.

Beginnen Sie dieses Kana mit einer langen horizontalen Linie. Ihr zweiter Strich durchschneidet den ersten etwa ein Drittel von links, gerade nach unten bis zu einem Anschlag gezogen. Der dritte Strich ist ein längerer gebogener Strich, der den ersten durchschneidet, etwa ein Drittel der Länge von rechts her. Er beginnt als senkrechte Linie vor dem Schnittpunkt, krümmt sich aber nach dem Durchkreuzen durch den ersten Strich nach links.

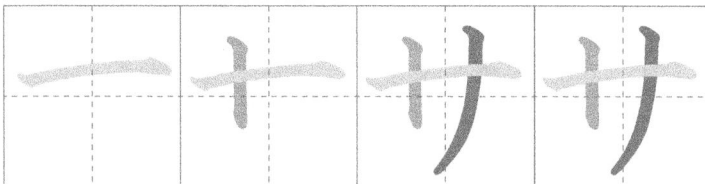

SCHREIBEN Zeichnen Sie zunächst die Formen in den großen Zellen unten nach.

ÜBEN   Üben Sie nun das Zeichnen dieser Figur in diesen kleineren Zellen.

 **shi**

SPRECHEN Ausgesprochen "schie" wie in "schieben".

LERNEN Zeichnen Sie dieses Kana mit drei Strichen; stop, stop, fade.

Sowohl der erste als auch der zweite Strich sind kurze Stoppmarken, die parallel und leicht schräg nach unten verlaufen. Ihr dritter Strich beginnt im unteren linken Bereich, unterhalb der ersten Striche, und wölbt sich nach oben und nach rechts. Achten Sie besonders auf die Abstände der drei Striche und die Punkte, an denen sie beginnen. Wir werden weiter vorne einige sehr ähnlich aussehende Zeichen sehen.

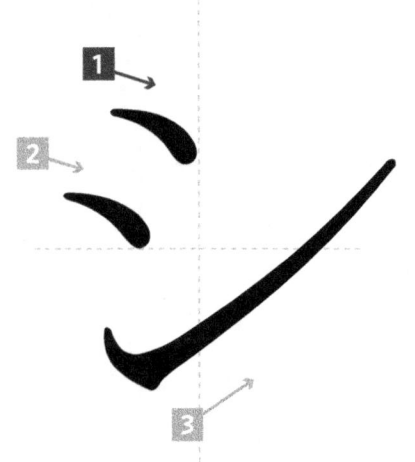

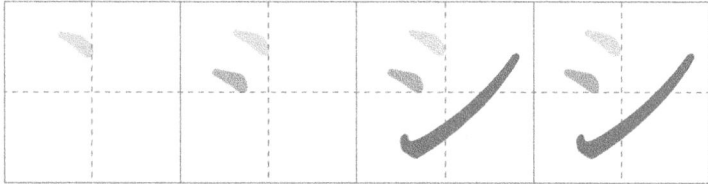

SCHREIBEN Zeichnen Sie zunächst die Formen in den großen Zellen unten nach.

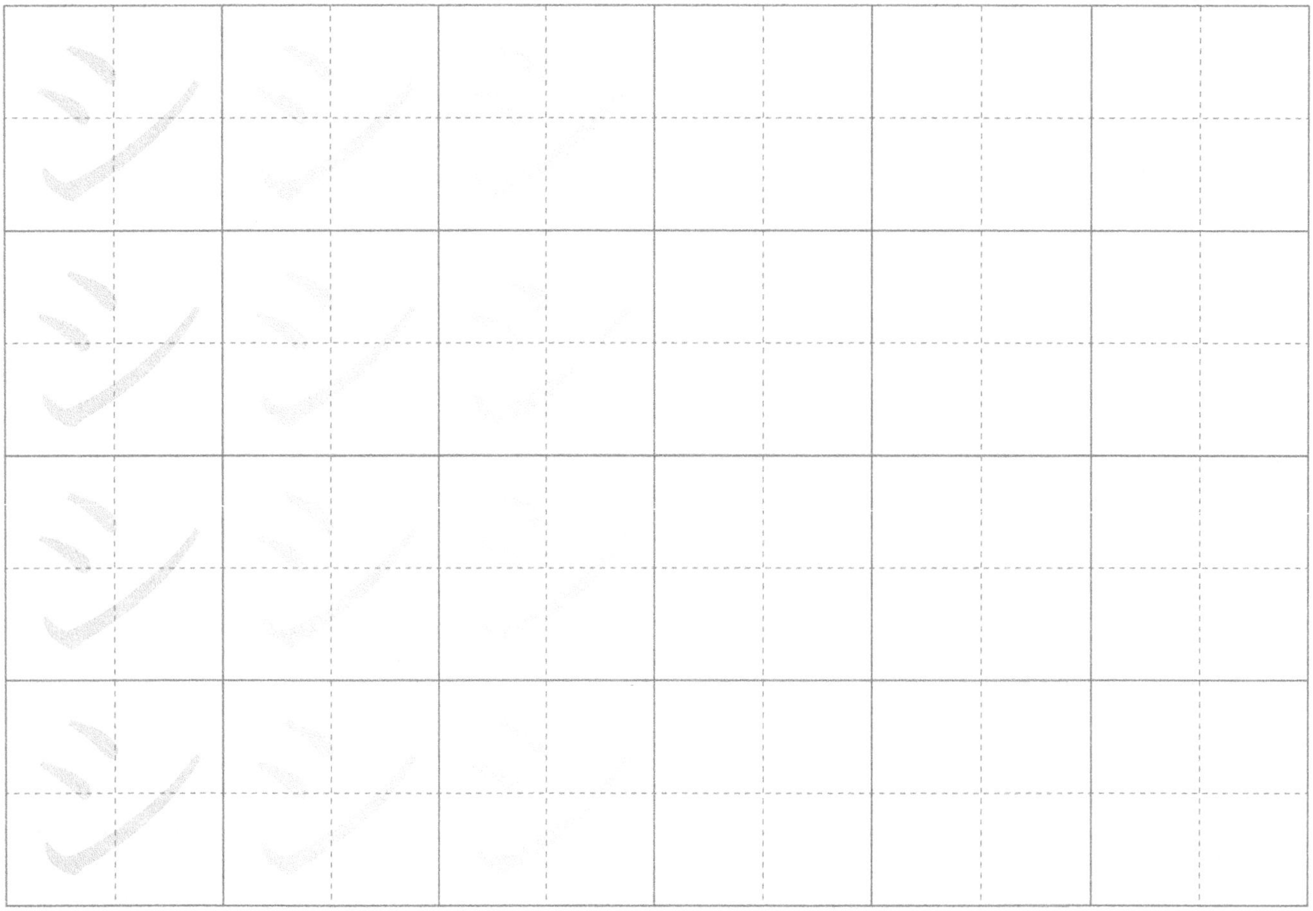

ÜBEN Üben Sie nun das Zeichnen dieser Figur in diesen kleineren Zellen.

ス ス **su**

SPRECHEN | Ausgesprochen "su" wie in "super".

LERNEN | Zwei Striche: einen langen Fade und einen Stop.

Dieses Zeichen beginnt mit einem Strich, den wir in früheren Kana gemacht haben. Es beginnt mit einem waagerechten Strich von links nach rechts, bevor dieser scharf in eine Kurve übergeht, die sich nach unten und wieder nach links in einer Überblendung bewegt. Ihr zweites Zeichen ist ein relativ kurzer Stoppstrich und beginnt etwa in der Mitte der Kurve aus dem ersten Strich. Die zweite Markierung ist ein relativ kurzer Stoppstrich und beginnt etwa in der Mitte der Kurve des ersten Strichs.

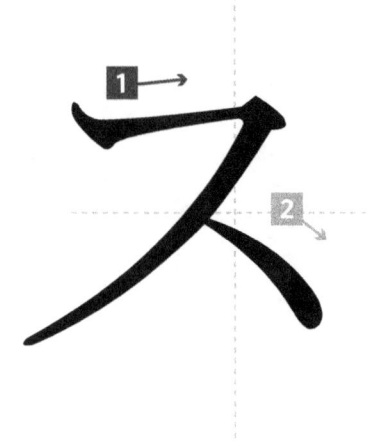

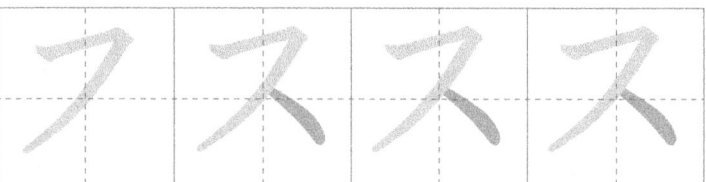

SCHREIBEN | Zeichnen Sie zunächst die Formen in den großen Zellen unten nach.

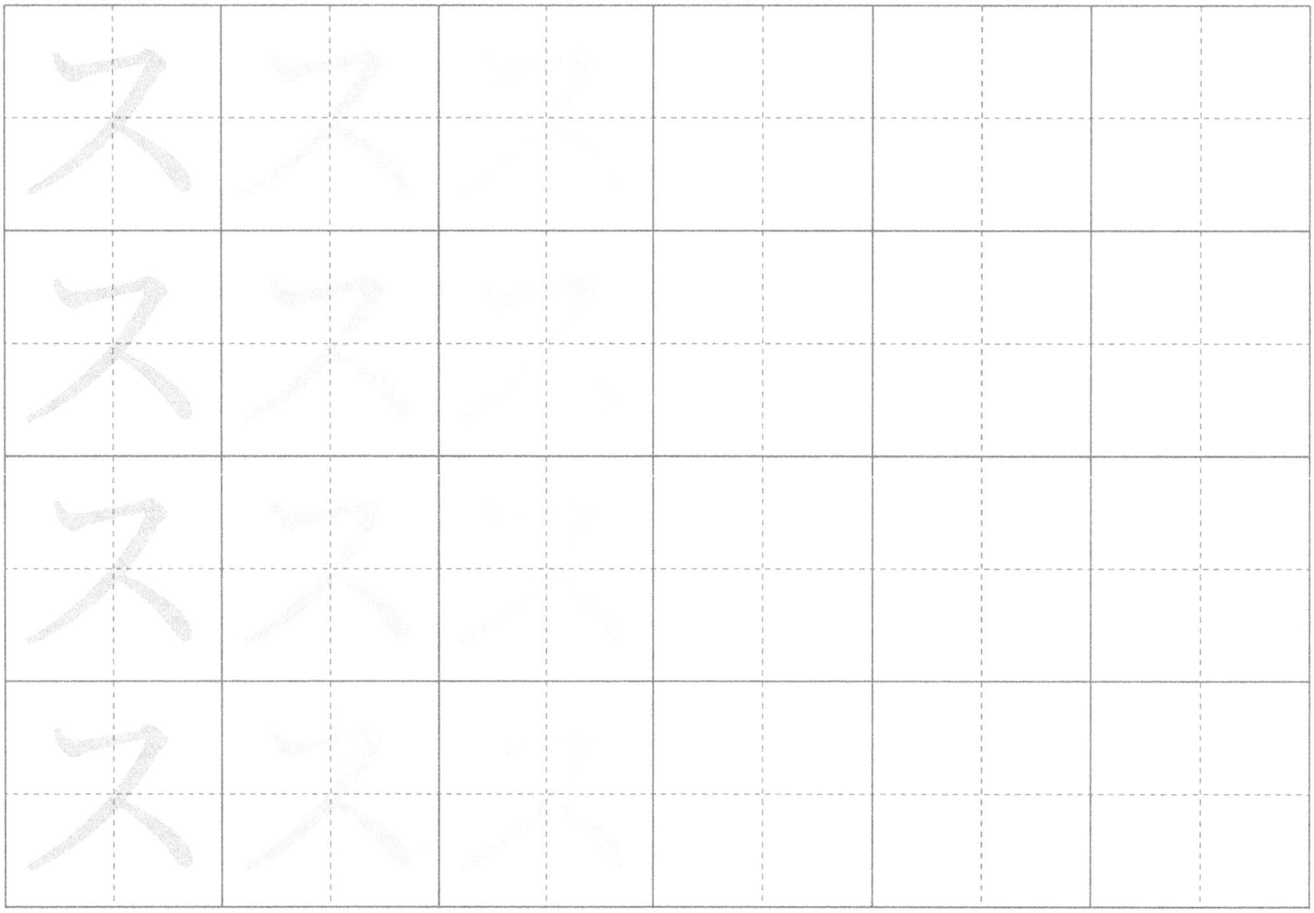

ÜBEN Üben Sie nun das Zeichnen dieser Figur in diesen kleineren Zellen.

セ セ se

SPRECHEN   Wird ausgesprochen wie das "Sä" in "Säge".

LERNEN   Dieses Kana wird mit zwei Strichen gezeichnet; einem Fade und einem Stop.

Beginnen Sie den ersten Strich mit einer relativ langen, schrägen Linie von links nach rechts. Wenn Sie sich der rechten Seite nähern, geht er in eine kurze Überblendung nach unten und nach links über - aber nicht ganz so scharf wie andere Kana. Ihr zweites Zeichen beginnt als gerade vertikale Linie, die von oben gezeichnet wird und dann sanft nach rechts, in die Nähe des Zellenbodens, schwingt.

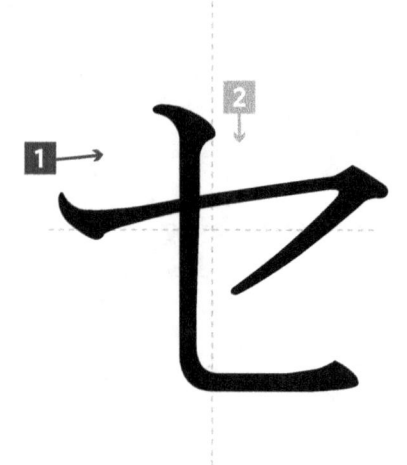

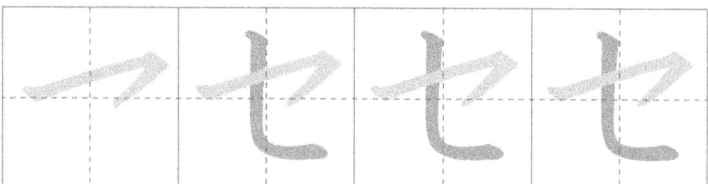

SCHREIBEN   Zeichnen Sie zunächst die Formen in den großen Zellen unten nach.

40

ÜBEN Üben Sie nun das Zeichnen dieser Figur in diesen kleineren Zellen.

ソ ソ so

SPRECHEN Wird ausgesprochen wie das "So" in "Soja".

LERNEN Dieses Kana wird mit zwei Strichen erzeugt; kurzer Stopp, Überblendung.

Beginnen Sie mit einem kurzen, schrägen Stoppstrich oben links. Dieser Strich sollte in einem ziemlich steilen Winkel erfolgen, aber so, dass er wie ein senkrechter Strich aussieht. Der zweite Strich wird wiederum mit einer langen, auslaufenden Kurve nach unten und links ausgeführt. Der Startpunkt für den zweiten Strich sollte sich auf einer ähnlichen Höhe wie der erste befinden.

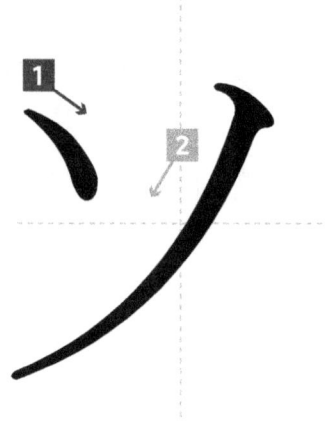

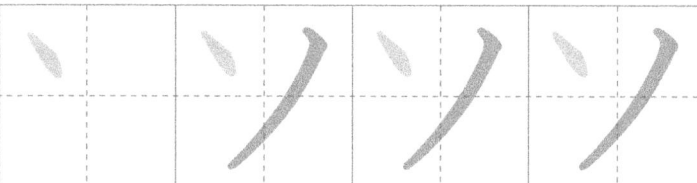

SCHREIBEN Zeichnen Sie zunächst die Formen in den großen Zellen unten nach.

ÜBEN Üben Sie nun das Zeichnen dieser Figur in diesen kleineren Zellen.

タ　タ　ta

SPRECHEN　Wird wie das "Ta" in "Tag" ausgesprochen, aber kürzer.

LERNEN　Dieses Kana wird mit drei Strichen gezeichnet; verblassen, verblassen, stoppen.

Ein weiteres Kana mit einigen nun bekannten Formen. Ähnlich wie bei ク und ケ ist Ihr erster Strich eine auslaufende diagonale Kurve von der oberen Mitte nach unten links. Der zweite Strich beginnt mit einer waagerechten Linie vom gleichen Startpunkt wie der erste, die nach links unten gebogen ist. Ihre letzte Markierung ist eine kurze diagonale Linie von der Mitte des ersten Strichs. Sie schneidet die Mitte des zweiten Strichs.

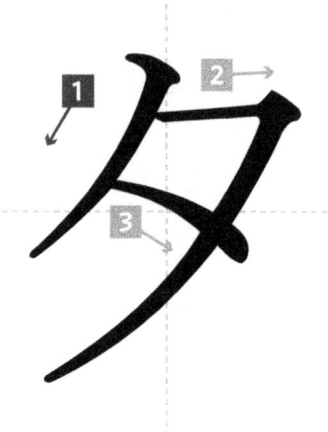

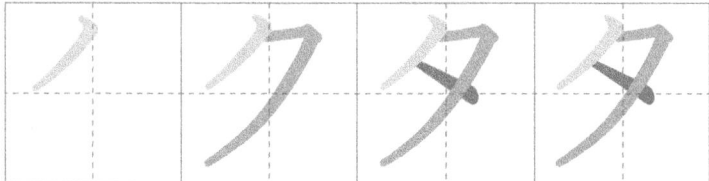

SCHREIBEN　Zeichnen Sie zunächst die Formen in den großen Zellen unten nach.

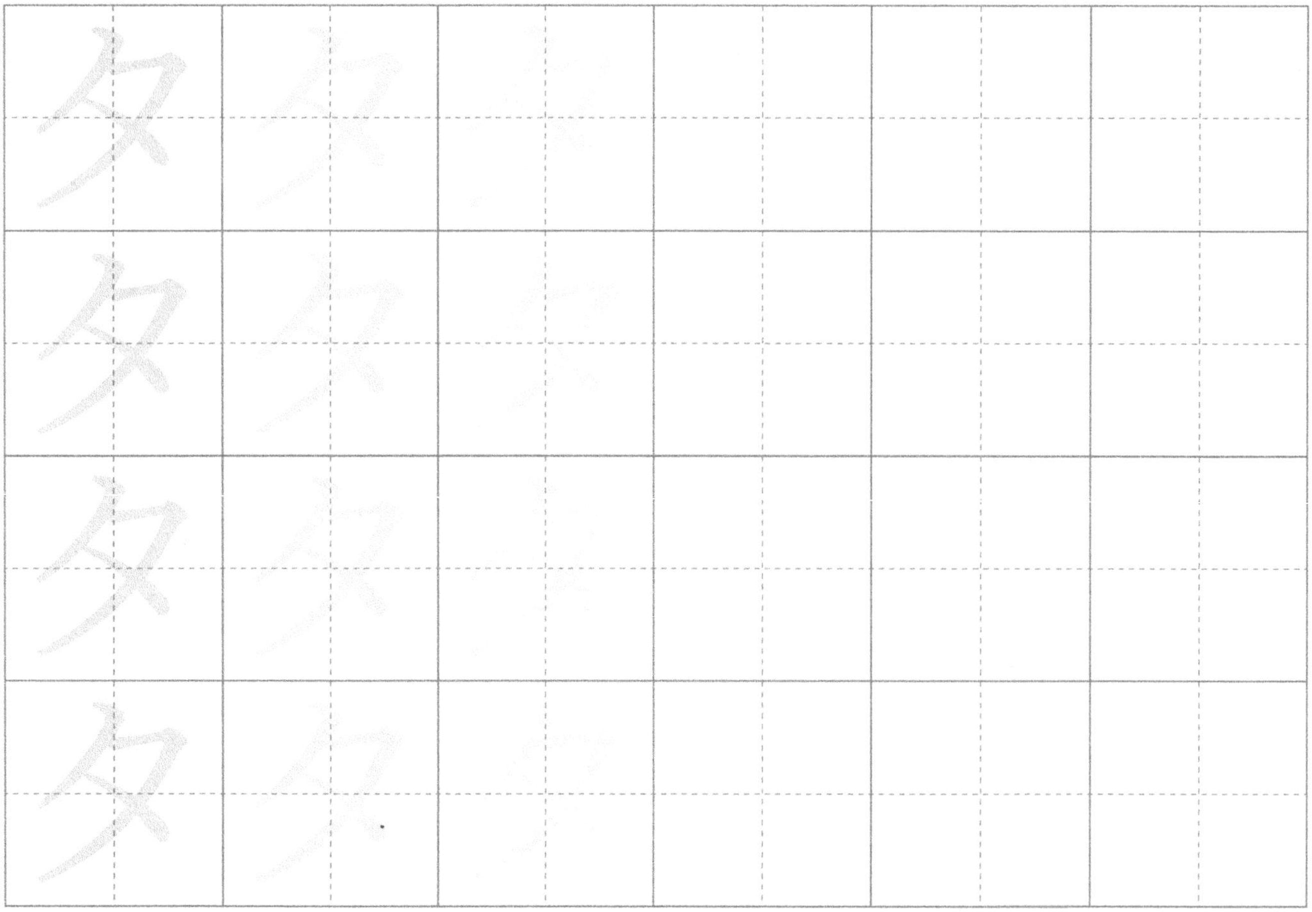

ÜBEN Üben Sie nun das Zeichnen dieser Figur in diesen kleineren Zellen.

45

チ チ chi

SPRECHEN Wird genauso ausgesprochen wie das "Chi" in "Tai-Chi".

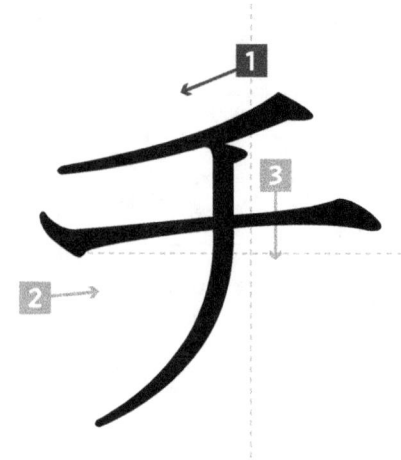

LERNEN Dieses Kana wird mit drei Strichen gezeichnet; verblassen, stoppen, verblassen.

Ihr erster Strich ist eine flache, auslaufende Kurve von oben rechts und leicht nach unten zur linken Seite. Strich Nummer 2 ist eine lange horizontale Linie mit einem Stopp. Ihr dritter Strich sollte in der Mitte der ersten Kurve beginnen und sich mit dem zweiten Strich kreuzen, bevor er nach unten und nach links gebogen wird. Achten Sie darauf, dass Ihr zweiter Strich auf beiden Seiten breiter als der erste Strich ist!

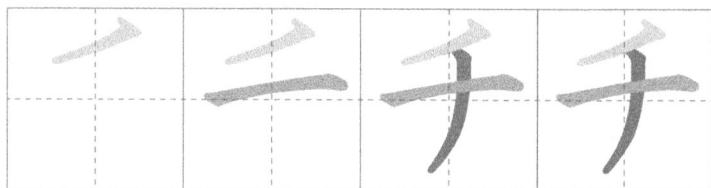

SCHREIBEN Zeichnen Sie zunächst die Formen in den großen Zellen unten nach.

ÜBEN Üben Sie nun das Zeichnen dieser Figur in diesen kleineren Zellen.

ツ ツ tsu

SPRECHEN Wird genauso ausgesprochen wie das "Tsu" in "Tsunami".

LERNEN Dieses Kana hat drei Striche: Zwei Stopps und eine Überblendung.

Dieses Zeichen sieht ähnlich aus wie das Katakana シ und sowohl die ersten beiden Striche werden wieder als zwei parallele, schräge Linien ausgeführt. Ihr dritter Strich ist eine schwungvolle, auslaufende Kurve von rechts oben nach links unten. Achten Sie aus den gleichen Gründen auf die Abstände der Startpunkte für jeden Strich.

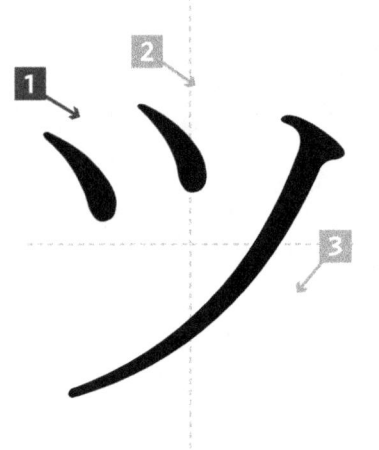

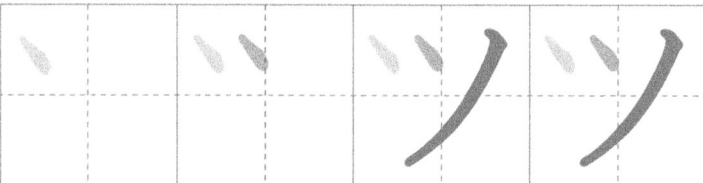

SCHREIBEN Zeichnen Sie zunächst die Formen in den großen Zellen unten nach.

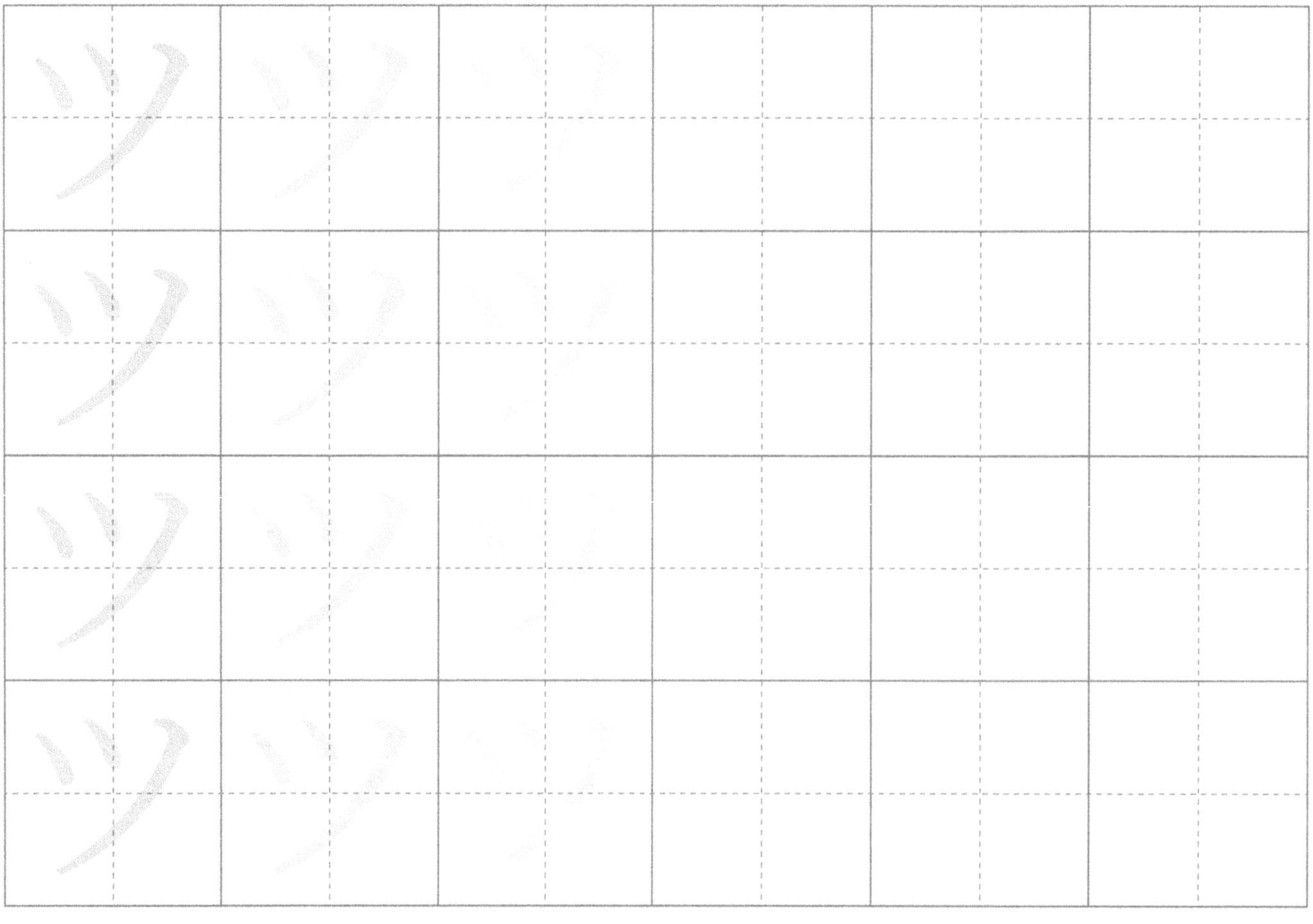

ÜBEN Üben Sie nun das Zeichnen dieser Figur in diesen kleineren Zellen.

テ テ **te**

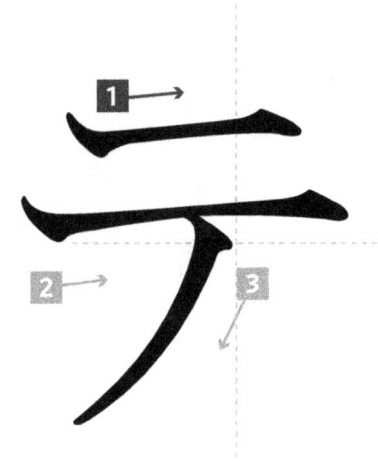

SPRECHEN   Wird ausgesprochen wie das "The" in "Thema".

LERNEN   Dieses Kana wird mit drei Strichen gezeichnet; stop, stop, fade.

Dieses Kana beginnt mit zwei parallelen Stoppstrichen, die horizontale Linien von links nach rechts bilden. Achten Sie darauf, dass Ihr zweiter Strich länger ist als der erste. Ihr drittes Zeichen ist ein kürzerer, gebogener diagonaler Strich nach unten und zur linken Seite. Sie beginnt in der Mitte Ihres zweiten Strichs.

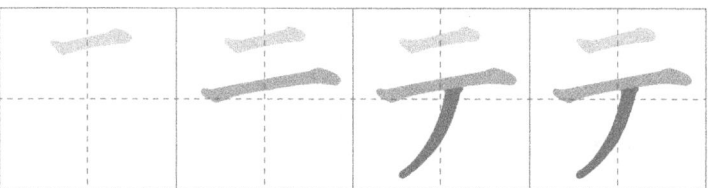

SCHREIBEN   Zeichnen Sie zunächst die Formen in den großen Zellen unten nach.

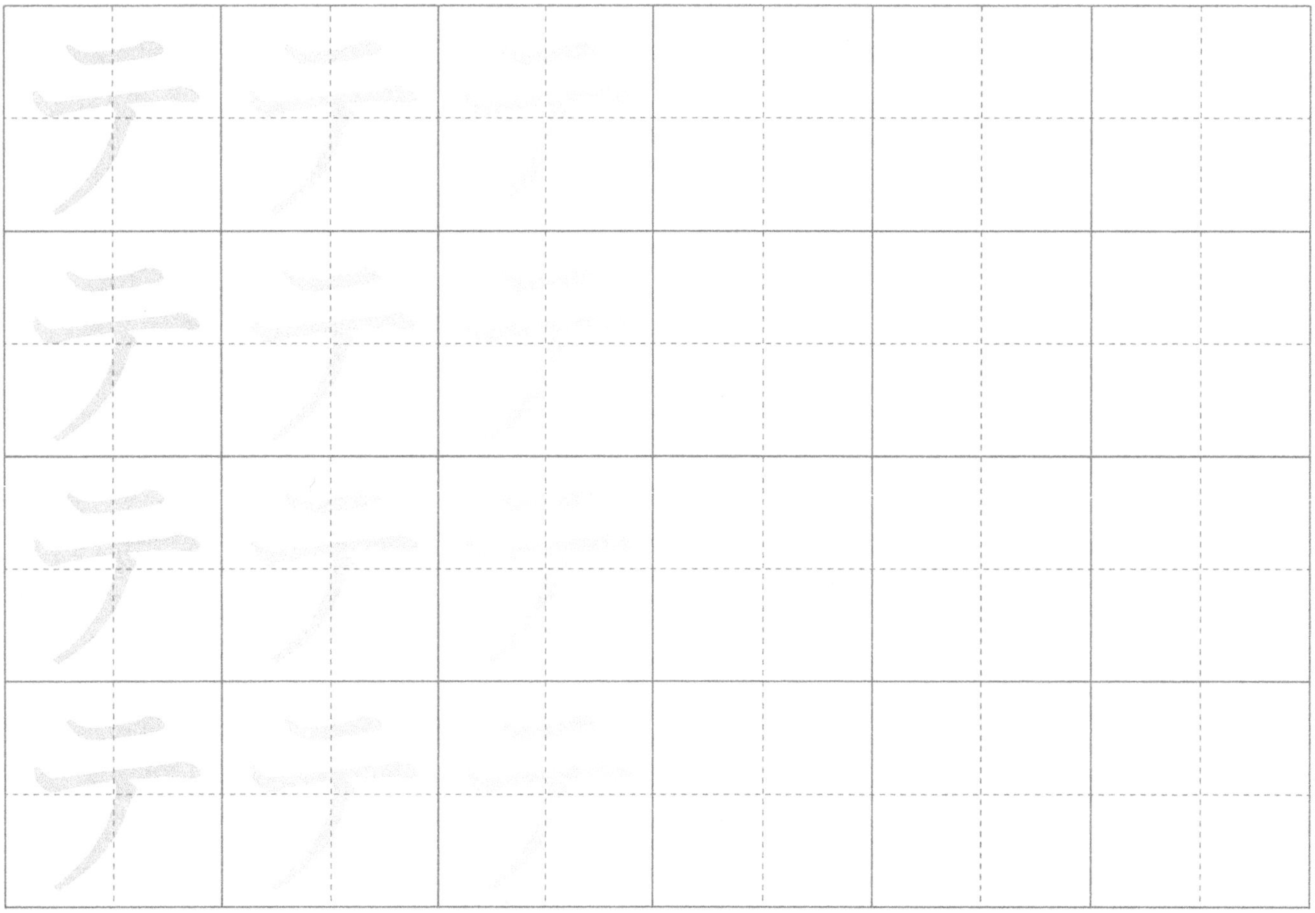

ÜBEN Üben Sie nun das Zeichnen dieser Figur in diesen kleineren Zellen.

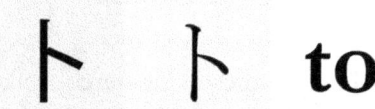

| SPRECHEN | Wird ausgesprochen wie das "to" in "toll". |

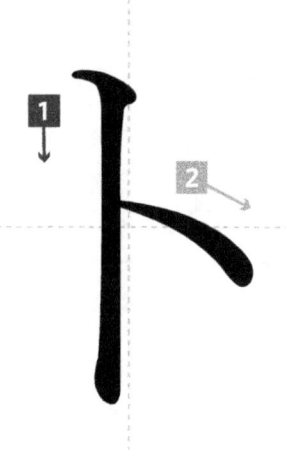

| LERNEN | Dieses Kana wird mit zwei Strichen erzeugt: Stop, Stop. |

Zeichnen Sie eine lange vertikale Linie, die in der Nähe des oberen Bereichs der Zelle und leicht links von der Mitte beginnt und mit einem Stopp in der Nähe des unteren Bereichs der Zelle endet. Die zweite Linie ist ein viel kürzeres Stoppzeichen, das oberhalb der Mitte der Zelle beginnt und diagonal nach unten und rechts verläuft.

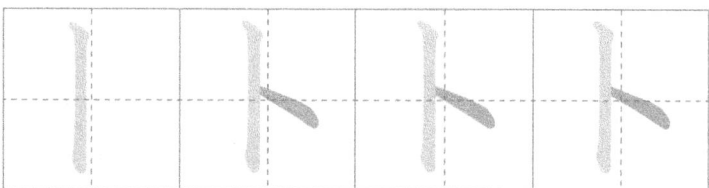

| SCHREIBEN | Zeichnen Sie zunächst die Formen in den großen Zellen unten nach. |

ÜBEN Üben Sie nun das Zeichnen dieser Figur in diesen kleineren Zellen.

53

ナ ナ **na**

SPRECHEN Wird ausgesprochen wie das "Na" in "Nacht".

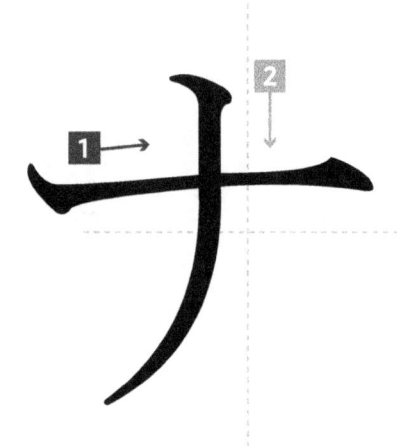

LERNEN Dieses Kana hat zwei Striche: einen Stopp- und einen Überblendstrich.

Beginnen Sie mit einem relativ langen horizontalen Stoppstrich, oberhalb der Mittellinie. Der zweite Strich beginnt in der Nähe des oberen Randes, in der Mitte, und wird nach unten und durch den ersten Strich gezogen. Er beginnt als senkrechter Strich und biegt nach dem Schnittpunkt nach links unten ab.

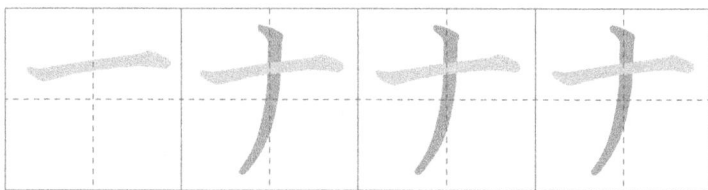

SCHREIBEN Zeichnen Sie zunächst die Formen in den großen Zellen unten nach.

ÜBEN Üben Sie nun das Zeichnen dieser Figur in diesen kleineren Zellen.

二 二 **ni**

SPRECHEN Wird ausgesprochen wie das "ni" in "niesen".

LERNEN Dieses Kana hat zwei Striche; beide sind Anschläge.

Als eines der einfacheren der Katakana-Symbole zeichnen wir 二 mit zwei parallelen Linien. Jeder bewegt sich horizontal von links nach rechts, mit einer leichten Neigung. Der zweite Strich sollte länger sein als der erste und sich auf beiden Seiten erstrecken.

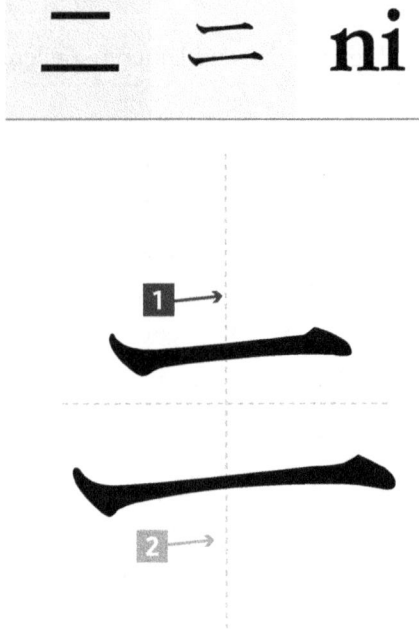

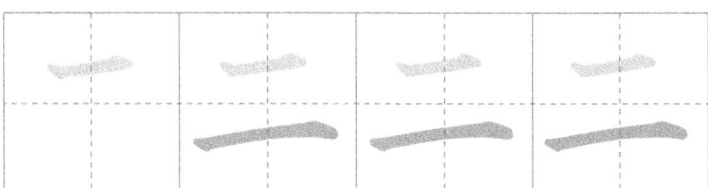

SCHREIBEN Zeichnen Sie zunächst die Formen in den großen Zellen unten nach.

ÜBEN Üben Sie nun das Zeichnen dieser Figur in diesen kleineren Zellen.

57

ヌ ヌ nu

SPRECHEN Ausgesprochen wie das "Nu" in "Nudeln", aber kurz.

LERNEN Mit zwei Strichen gezeichnet; eine lange Überblendung, Stopp.

Beginnen Sie Ihren ersten Strich mit einer leicht schrägen horizontalen Linie von links nach rechts und ein wenig nach oben. Ohne den Stift anzuheben, machen Sie eine scharfe Wendung nach unten in eine lange, geschwungene Kurve. Ihre zweite Markierung ist eine kürzere Kurve, die mit einem Anschlag endet. Sie beginnt unterhalb des Beginns Ihres ersten Strichs und schneidet durch die Mitte der soeben gezeichneten Kurve.

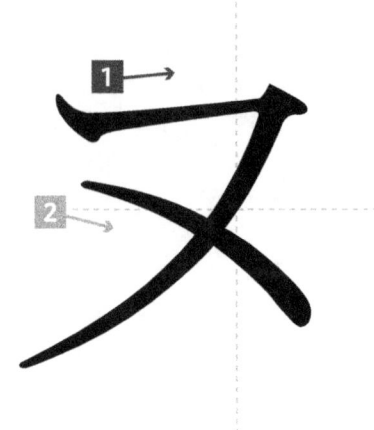

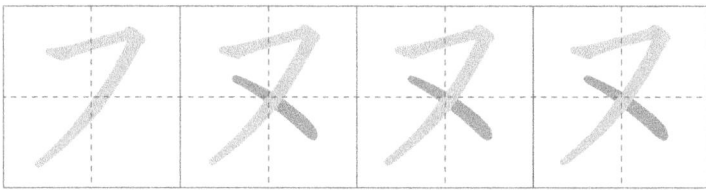

SCHREIBEN Zeichnen Sie zunächst die Formen in den großen Zellen unten nach.

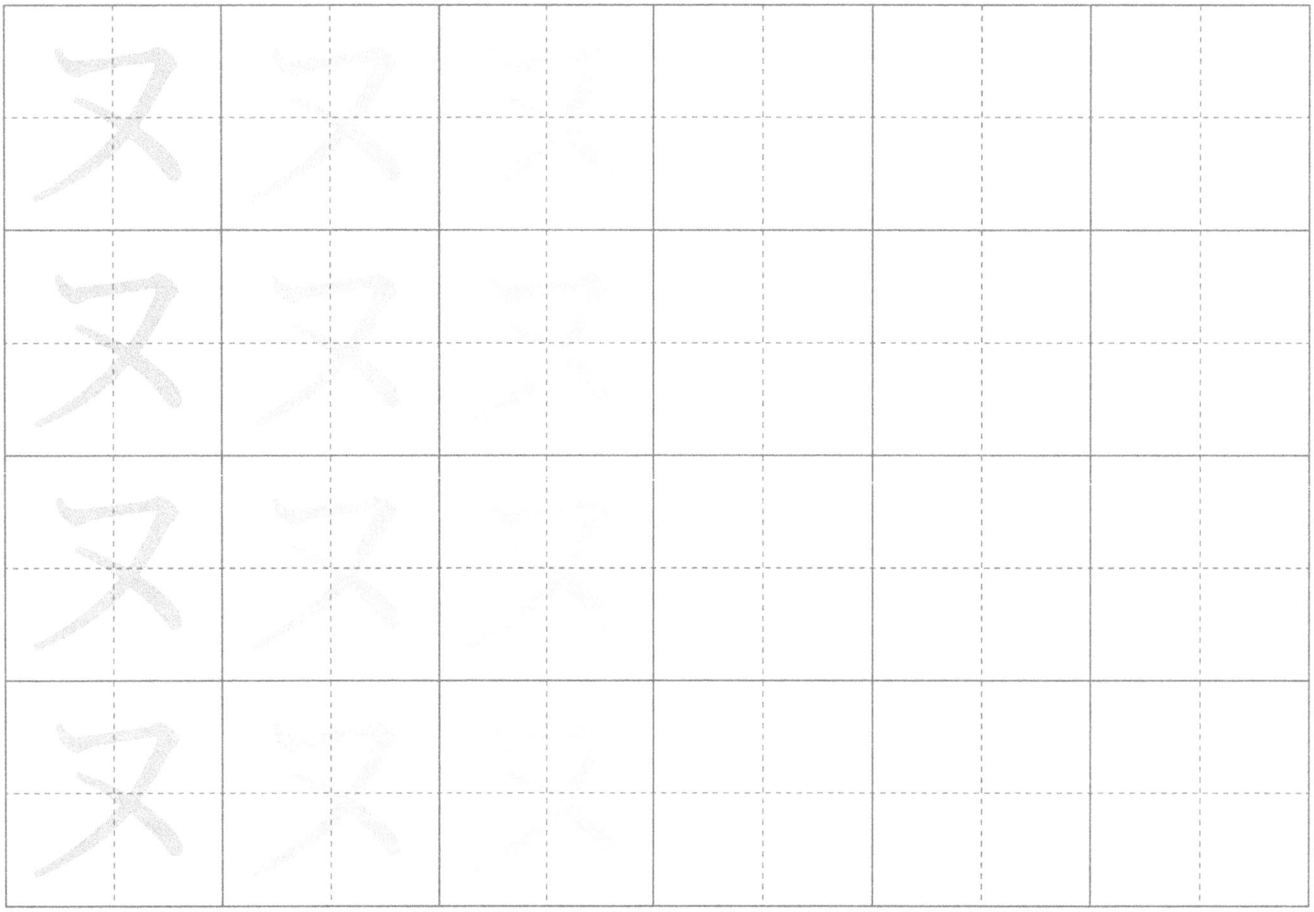

ÜBEN Üben Sie nun das Zeichnen dieser Figur in diesen kleineren Zellen.

ネ ネ **ne**

SPRECHEN Ausgesprochen wie das "Ne" in "Nest".

LERNEN Dieses Kana hat vier Striche; Stopp, Fade, Stopp und Stopp.

Beginnen Sie mit einer kurzen abgewinkelten Stoppmarke in der oberen Mitte. Ihre zweite Markierung beginnt mit einer horizontalen Linie, bevor sie in einer scharfen Kurve nach unten und links ausläuft. Strich drei ist eine vertikale Linie mit einem Stopp, die in der Mitte der Kurve in Strich 2 beginnt. Die letzte Markierung ist eine kurze diagonale Linie, die ungefähr so lang sein sollte wie das untere Ende Ihrer langen Kurve.

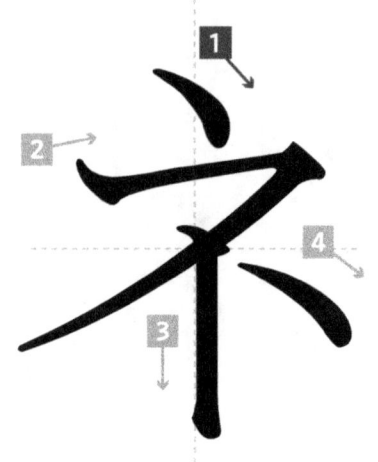

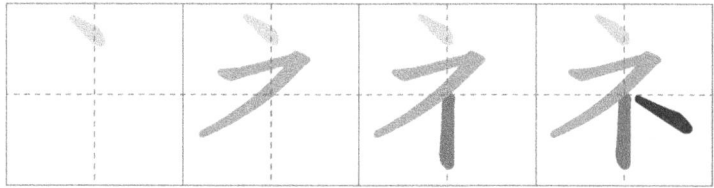

SCHREIBEN Zeichnen Sie zunächst die Formen in den großen Zellen unten nach.

ÜBEN   Üben Sie nun das Zeichnen dieser Figur in diesen kleineren Zellen.

| ノ ノ **no** | SPRECHEN | Wird wie das "No" in "Nordpol" augesprochen. |

| | LERNEN | Dieses Kana wird mit einem Strich geschrieben, einer Überblendung. |

Dies ist wahrscheinlich das einfachste der Katakana und besteht aus einem einzigen, verblassenden Kurvenstrich. Beginnen Sie oben rechts und streichen Sie nach unten bis zu einer Überblendung unten links. Achten Sie auf die Positionierung dieses Kana.

SCHREIBEN Zeichnen Sie zunächst die Formen in den großen Zellen unten nach.

ÜBEN Üben Sie nun das Zeichnen dieser Figur in diesen kleineren Zellen.

ハ ハ ha

SPRECHEN Wird wie das "ha" in "hallo" ausgesprochen.

LERNEN Zeichnen Sie dieses Kana mit zwei Strichen; einer Überblendung und einem Stopp.

Ihr erster Strich ist eine geschwungene diagonale Linie, die knapp links von der Mitte beginnt und nach links hin abnimmt. Der zweite Strich spiegelt den ersten fast wider, endet aber mit einem Stopp im unteren rechten Bereich. Die Startpunkte sollten in einem gewissen Abstand voneinander und von der Mittellinie entfernt liegen.

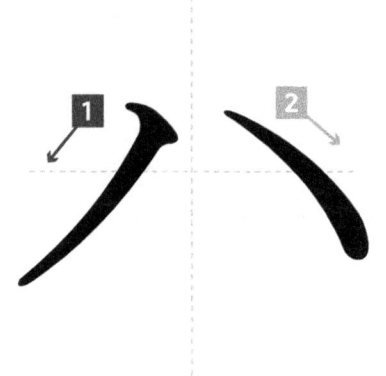

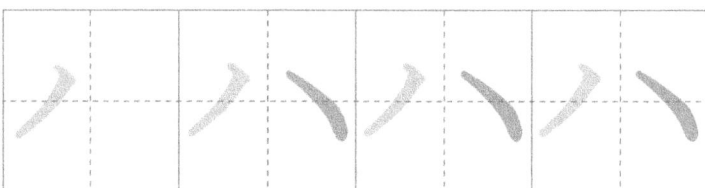

SCHREIBEN Zeichnen Sie zunächst die Formen in den großen Zellen unten nach.

ÜBEN Üben Sie nun das Zeichnen dieser Figur in diesen kleineren Zellen.

ヒ　ヒ　hi

SPRECHEN Ausgesprochen wie das "Hy" in "Hymne".

LERNEN Mit zwei Strichen gezeichnet; beide sind Anschläge.

Machen Sie den ersten Strich als leicht gewinkelte Linie von links nach rechts, die mit einem Anschlag endet. Ihre zweite Markierung beginnt oben links und verläuft als senkrechter Strich nach unten, der das Ende des ersten Strichs gerade berührt. Wenn sich Ihr Stift dem unteren Teil der Zelle nähert, drehen Sie ihn leicht nach rechts - dies ist keine scharf gewinkelte Ecke wie in anderen Kana. Der zweite Strich sollte etwa unterhalb des Endes Ihres ersten zum Stillstand kommen.

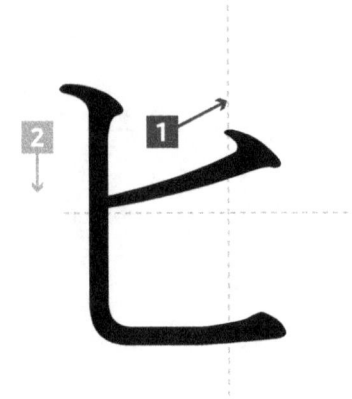

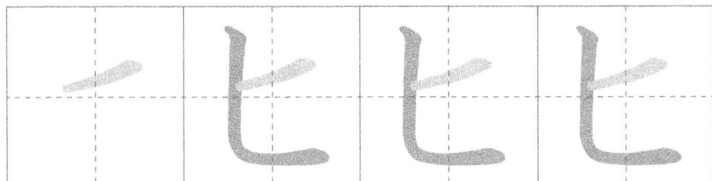

SCHREIBEN Zeichnen Sie zunächst die Formen in den großen Zellen unten nach.

ÜBEN Üben Sie nun das Zeichnen dieser Figur in diesen kleineren Zellen.

フ フ **fu**

SPRECHEN Ausgesprochen wie das "Fu" in "Fuji".

LERNEN Mit einem einzigen Strich gezeichnet; es ist eine lange Überblendung.

Dieses Kana wurde als Teil der vorherigen Symbole in dieser Arbeitsmappe gezeichnet. Es hat eine ähnliche Form wie die Zahl 7 und beginnt mit einer leicht geneigten horizontalen Linie. Wenn sich Ihr Stift der rechten Seite der Zelle nähert, sollte er sich ziemlich stark drehen. Halten Sie Ihren Stift auf der Seite, während Sie fortfahren um die lange, auslaufende Kurve nach unten in Richtung der unteren linken Seite der Zelle zu zeichnen.

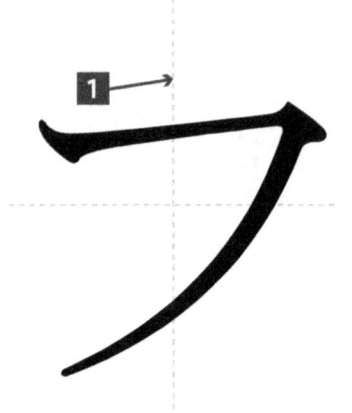

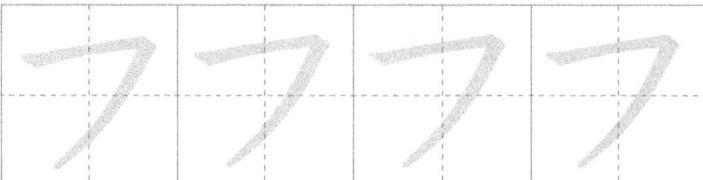

SCHREIBEN Zeichnen Sie zunächst die Formen in den großen Zellen unten nach.

ÜBEN

Üben Sie nun das Zeichnen dieser Figur in diesen kleineren Zellen.

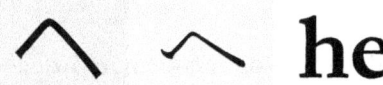 **he**

SPRECHEN Wird wie das "He" in "Helga" ausgesprochen.

LERNEN Dieses Kana wird mit einem Strich ausgeführt; ein Anschlag.

Dieses Einstrich-Kana beginnt in der Mitte auf der linken Seite der Zelle. Ziehen Sie Ihren Stift diagonal nach oben und rechts, aber bevor Sie die Mittellinie erreichen, drehen Sie wieder nach unten und machen Sie den längeren diagonalen Strich nach rechts unten. Achten Sie darauf, dass sich der "Punkt" oben links von der Mittellinie befindet.

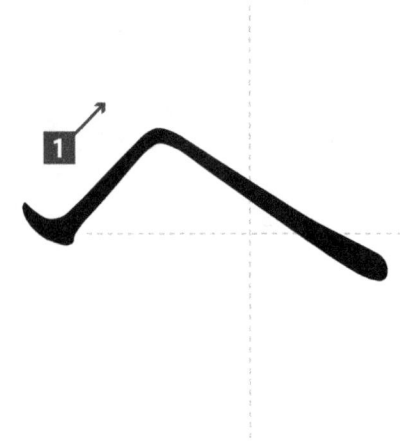

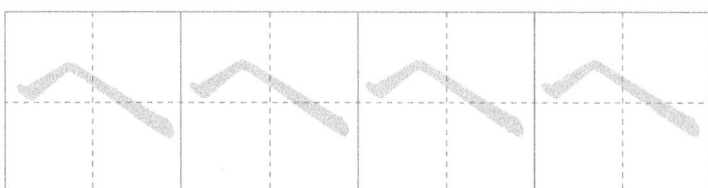

SCHREIBEN Zeichnen Sie zunächst die Formen in den großen Zellen unten nach.

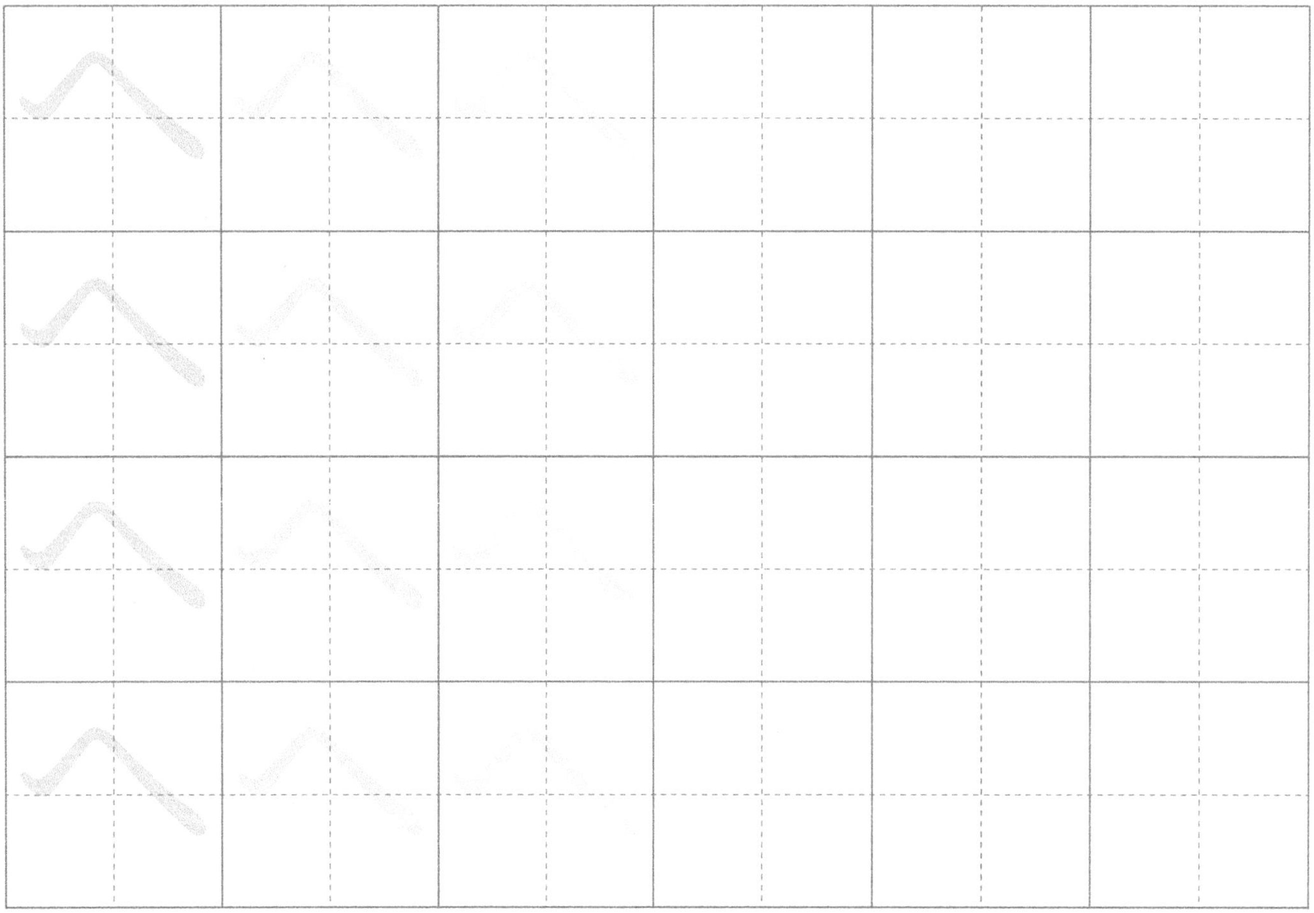

ÜBEN Üben Sie nun das Zeichnen dieser Figur in diesen kleineren Zellen.

ホ ホ ho

SPRECHEN Ausgesprochen wie das "Ho" in "Hochzeit".

LERNEN Dieses Kana hat vier Striche: Stopp, Sprungüberblendung, Stopp und Stopp.

Der erste Strich ist eine horizontale Linie von links nach rechts. Der zweite Strich ist eine vertikale Linie, die die Mitte des ersten Strichs knapp über der Mitte der Zelle schneidet. Beenden Sie mit einem "hane", indem Sie den Stift vom Papier wegschnippen. Der dritte und vierte Strich wird auf die gleiche Weise ausgeführt, wie wir das Kana ハ zeichnen, nämlich spiegelbildlich. Sie sollten keinen Kontakt mit anderen Zeichen haben.

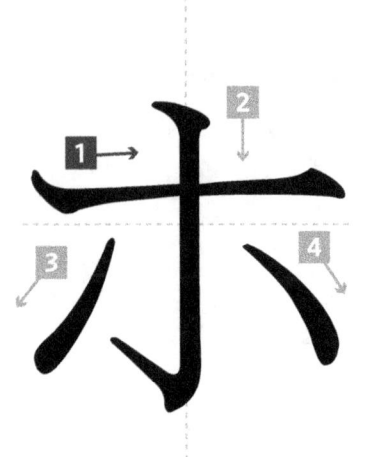

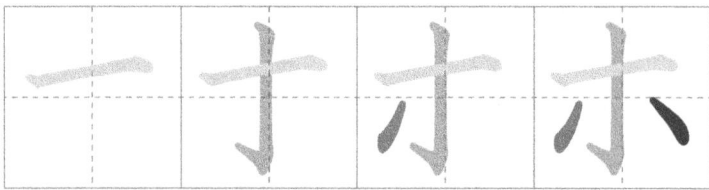

SCHREIBEN Zeichnen Sie zunächst die Formen in den großen Zellen unten nach.

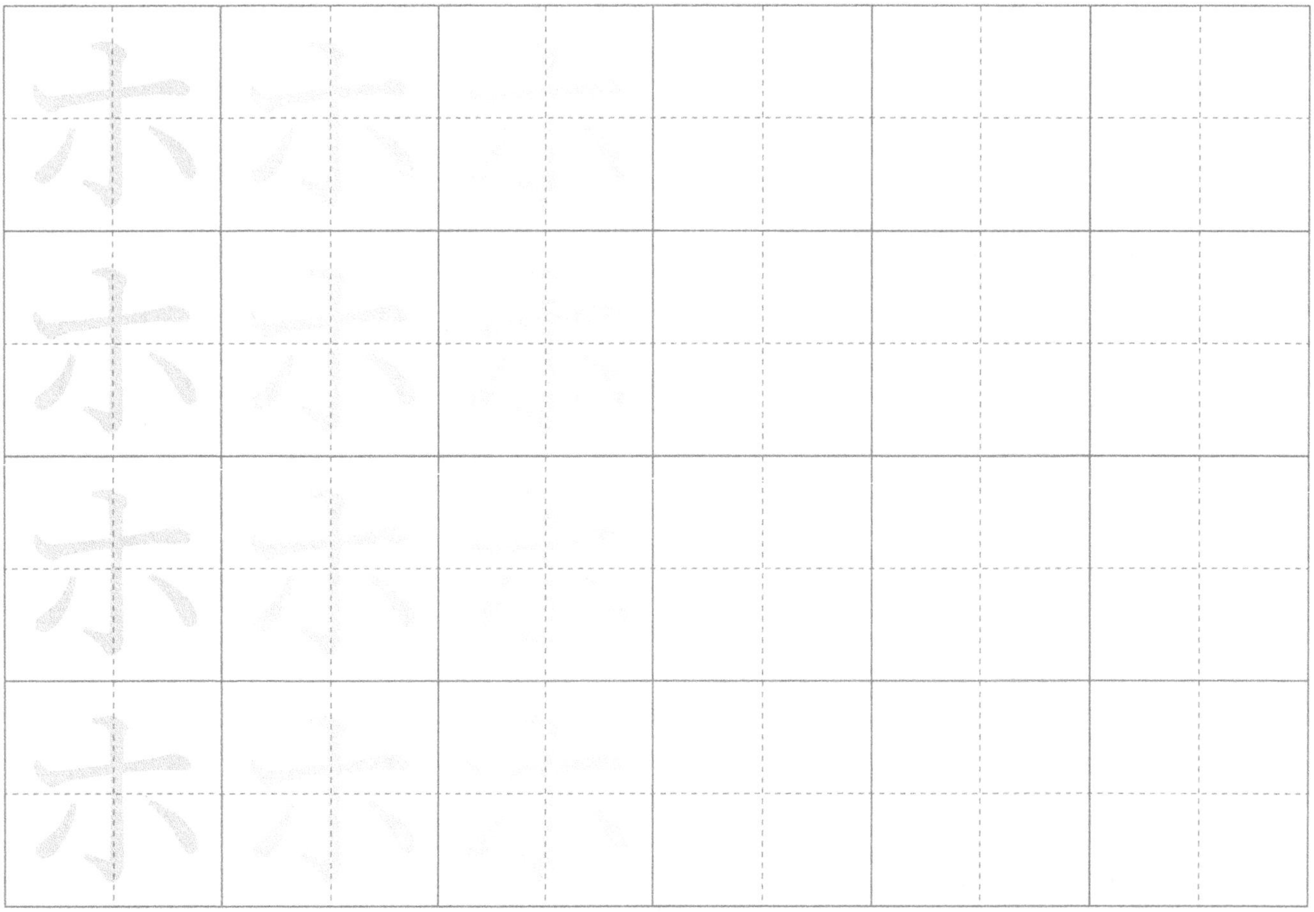

ÜBEN Üben Sie nun das Zeichnen dieser Figur in diesen kleineren Zellen.

マ　マ　ma

SPRECHEN	Wird ausgesprochen wie das "Ma" in "Maria".

LERNEN	Mit zwei Strichen gezeichnet; lange Überblendung, kurzer Stopp.

Beginnen Sie mit einem vertrauten ersten Strich und ziehen Sie Ihren Stift in einer horizontalen Linie über die Zelle. Ohne den Stift anzuheben, machen Sie einen scharfen Bogen nach hinten und unten mit einer kürzeren, verblassten Kurve nach links. Ihr zweiter Strich ist eine relativ kurze Linie, die schräg nach unten und nach rechts verläuft. Achten Sie darauf, dies nicht mit dem Kana ア zu verwechseln, das wir am Anfang gelernt haben!

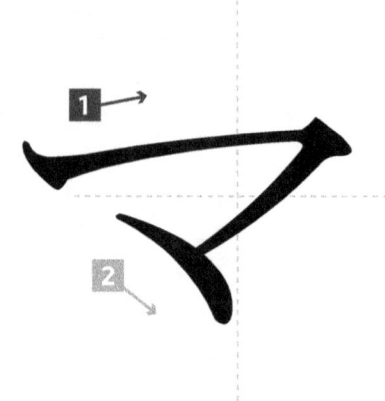

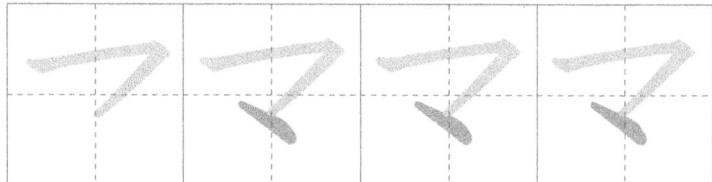

SCHREIBEN　　　Zeichnen Sie zunächst die Formen in den großen Zellen unten nach.

ÜBEN

Üben Sie nun das Zeichnen dieser Figur in diesen kleineren Zellen.

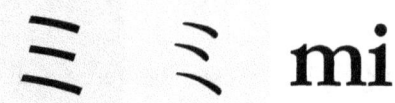

SPRECHEN Wird als "mi" ausgesprochen, wie das "Me" in Medien.

LERNEN Mit drei Strichen gezeichnet; jeder ist ein kurzer Stopp.

Dieses Kana ist relativ einfach und besteht aus drei kurzen, parallelen Linien. Jeder wird in einem leichten Winkel gezeichnet, wobei der Stift in der Abwärtsbewegung von links nach rechts zum Stillstand kommt. Der dritte Strich ist etwas länger, und die Startposition liegt etwas weiter rechts.

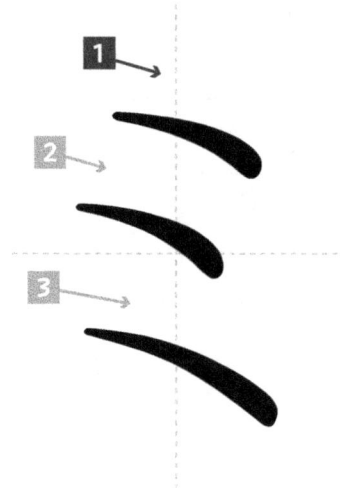

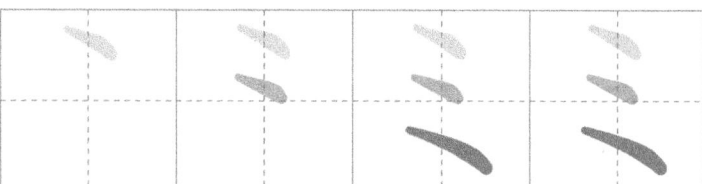

SCHREIBEN Zeichnen Sie zunächst die Formen in den großen Zellen unten nach.

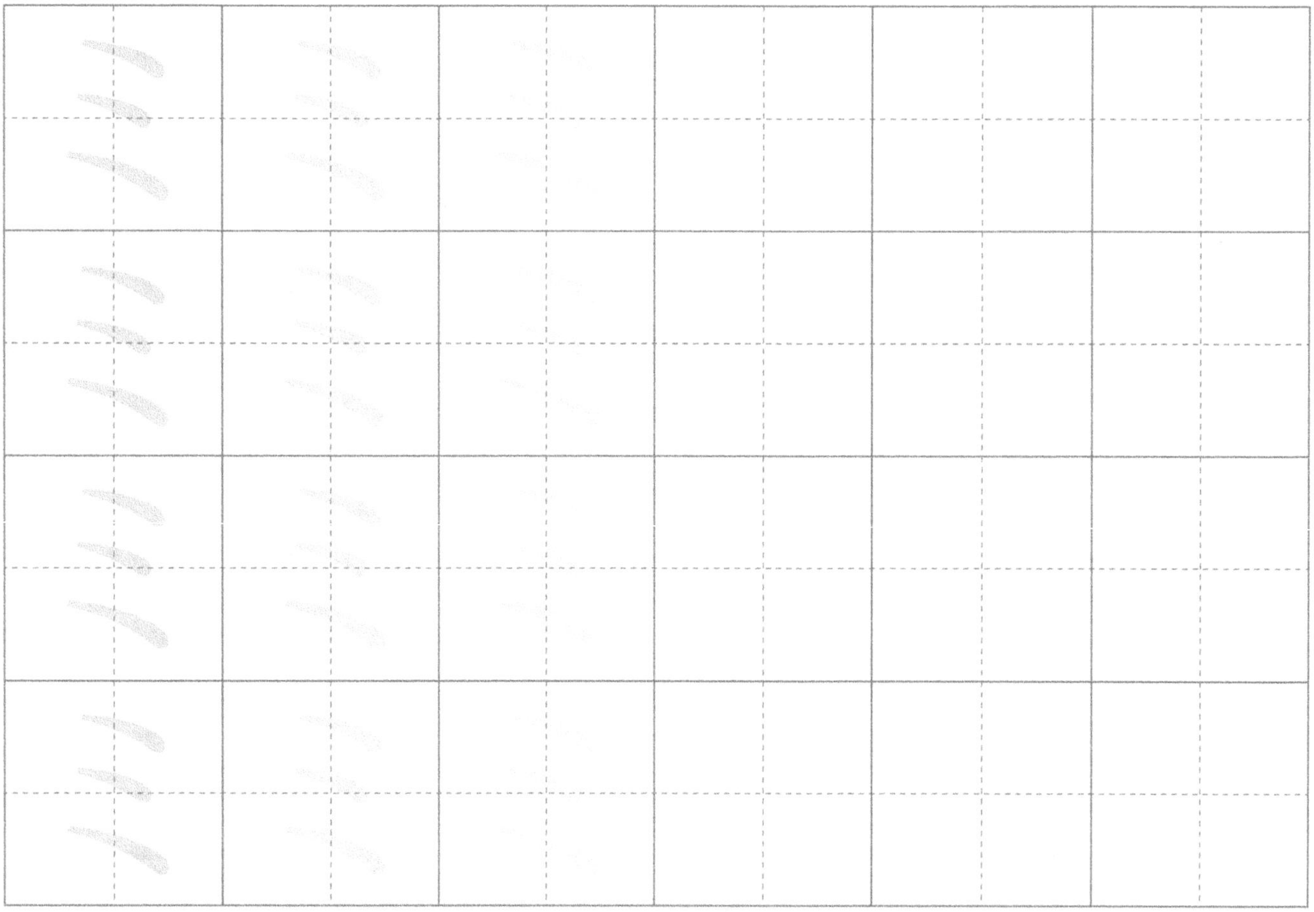

ÜBEN   Üben Sie nun das Zeichnen dieser Figur in diesen kleineren Zellen.

ム　ム　**mu**

SPRECHEN Wird wie *"Muh"* ausgesprochen, wie eine Kuh klingt.

LERNEN Mit zwei Strichen gezeichnet; jeder ist ein kurzer Stopp.

Es sieht fast wie drei separate Striche aus, aber der erste erzeugt eine Art L-Form. Beginnen Sie mit einer geraden Linie, die diagonal von der oberen Mitte nach unten links gezogen wird. Halten Sie den Stift auf dem Papier und machen Sie eine scharfe Kurve nach rechts. Bewegen Sie sich in einem viel flacheren Winkel über die Zelle und enden Sie mit einem Stopp. Der zweite Strich ist eine kurze diagonale Stoppmarkierung, die das Ende des ersten Strichs beim Abtauchen berühren sollte.

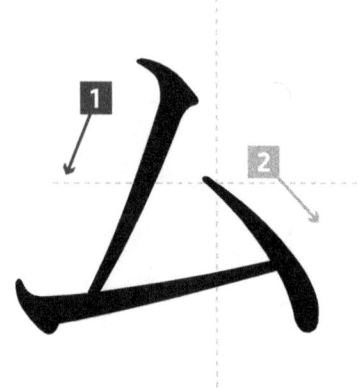

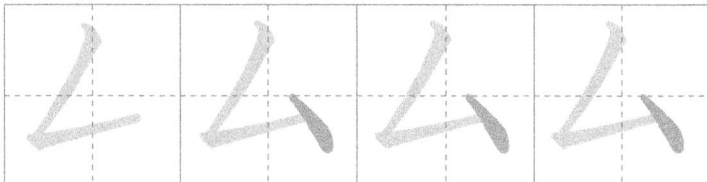

SCHREIBEN Zeichnen Sie zunächst die Formen in den großen Zellen unten nach.

ÜBEN Üben Sie nun das Zeichnen dieser Figur in diesen kleineren Zellen.

 **me**

SPRECHEN   Wird als "meh" ausgesprochen, wie das "Me" in "Mensch".

LERNEN   Dieses Kana wird mit zwei Strichen gezeichnet; einer Überblendung und einem Anschlag.

Ihr erster Strich ist eine relativ lange geschwungene Linie, die vom oberen rechten Quadranten nach unten links gezogen wird. Dieser Strich sollte mit einer Überblendung enden. Die zweite diagonale Markierung ist ein kürzerer Bogen, der die Mitte Ihres ersten Strichs durchschneidet und mit einem Anschlag endet.

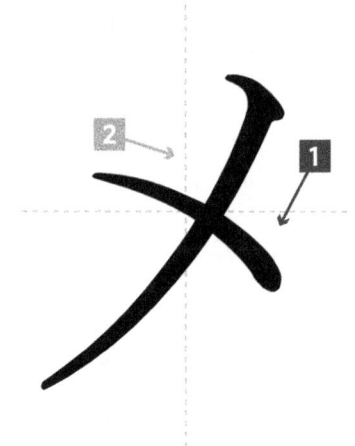

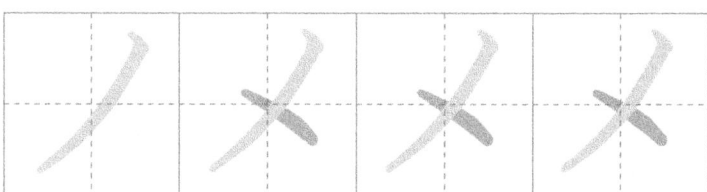

SCHREIBEN   Zeichnen Sie zunächst die Formen in den großen Zellen unten nach.

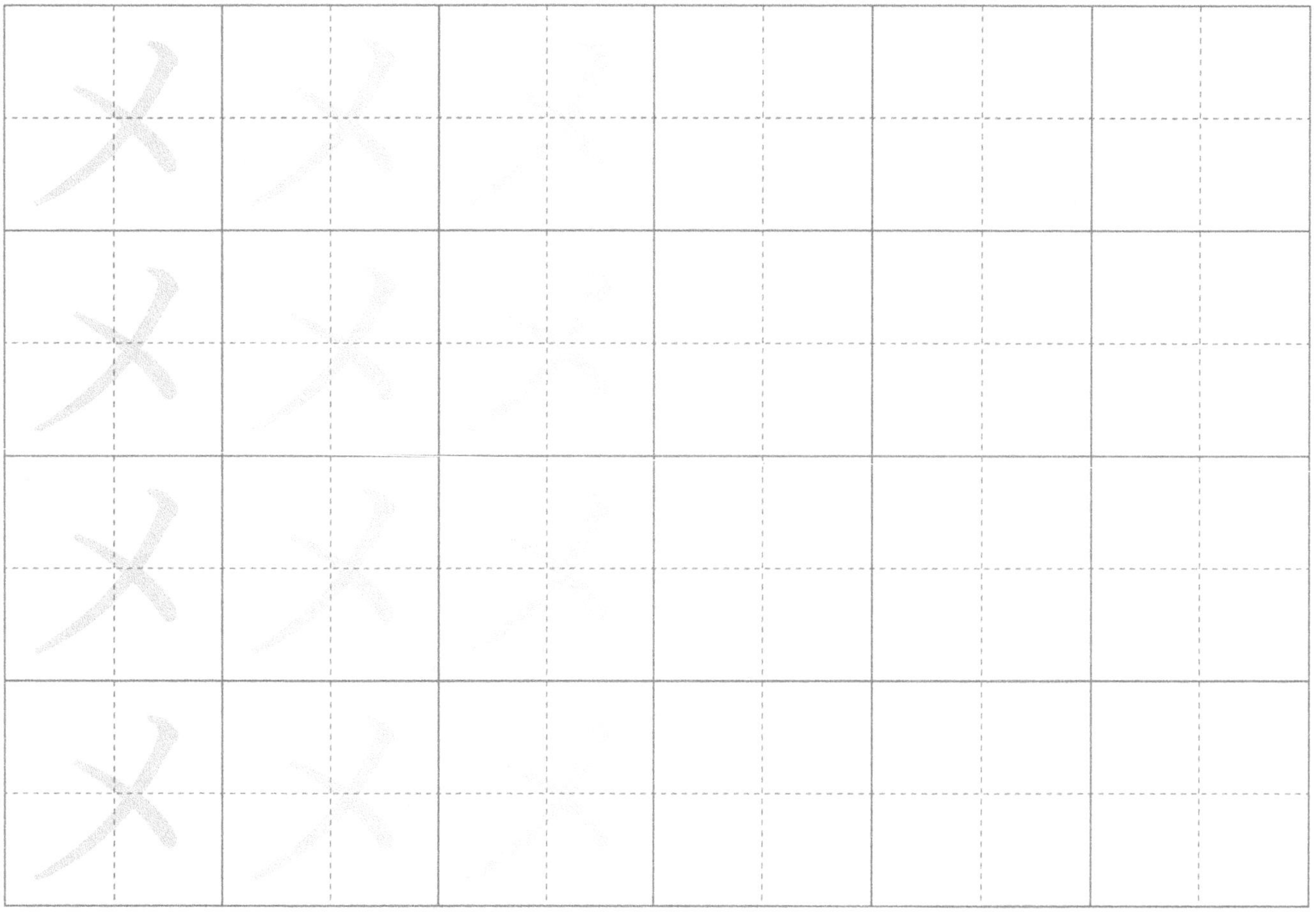

ÜBEN   Üben Sie nun das Zeichnen dieser Figur in diesen kleineren Zellen.

モ モ **mo**

SPRECHEN | Wird genauso ausgesprochen wie das "Mo" in "Monat".

LERNEN | Dieses Kana hat drei Striche; alle sind Anschläge.

Beginnen Sie dieses Kana, indem Sie den ersten und zweiten Strich als zwei horizontale Linien zeichnen. Der zweite sollte etwas länger sein als der erste. Ihr dritter Strich beginnt auf dem ersten Strich und wird zunächst als senkrechte Linie nach unten gezeichnet. Er wird Ihren zweiten Strich durchschneiden und, wenn sich Ihr Stift dem unteren Ende der Zelle nähert, leicht nach rechts drehen und auf der rechten Seite zum Stillstand kommen.

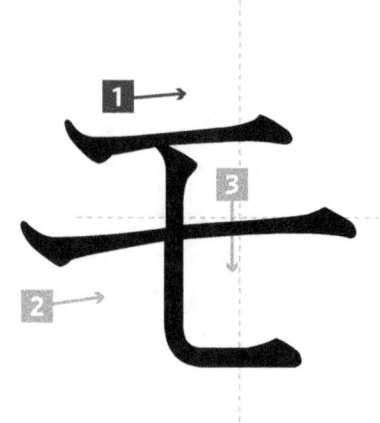

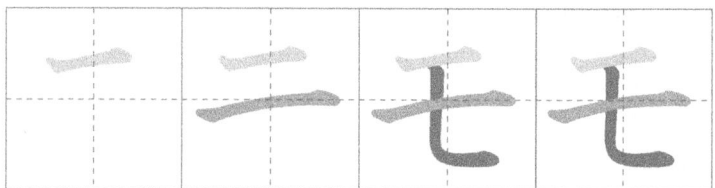

SCHREIBEN | Zeichnen Sie zunächst die Formen in den großen Zellen unten nach.

ÜBEN Üben Sie nun das Zeichnen dieser Figur in diesen kleineren Zellen.

ヤ ヤ ya

SPRECHEN Ausgesprochen wie das "Ya" in "Yak".

LERNEN Zwei Striche; einer Überblendung und einem Stopp.

Wir beginnen das Zeichnen dieses Kana mit einer geraden Linie von links nach rechts, in einem relativ flachen Winkel nach oben. Wenn wir uns der rechten Seite der Zelle nähern, dreht es sich scharf nach unten und mit einer kurzen Überblendung zurück zur Mitte. Ihr zweiter Schlag ist eine lange diagonale Linie vom oberen linken Teil der Zelle, näher an der Mitte als an der Seite, und er durchschneidet den ersten Strich etwa ein Drittel des Weges vom Anfang.

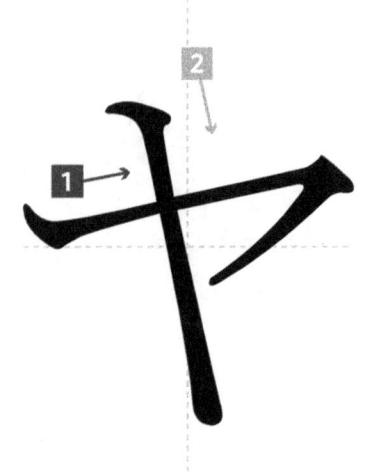

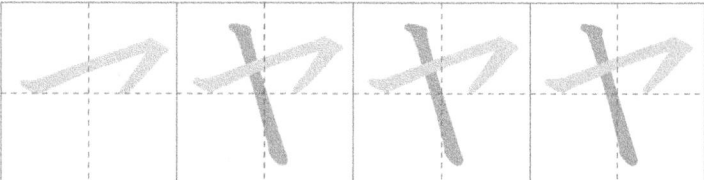

SCHREIBEN Zeichnen Sie zunächst die Formen in den großen Zellen unten nach.

ÜBEN   Üben Sie nun das Zeichnen dieser Figur in diesen kleineren Zellen.

ユ ユ yu

SPRECHEN Wird ausgesprochen wie das "Yu" in "Yucatán".

LERNEN Dieses Kana wird mit zwei Strichen gezeichnet; beide sind Anschläge.

Ihr erster Strich beginnt als kurze horizontale Linie und macht dann eine scharfe Kurve nach unten bis zu einem Anschlag. Ihr zweiter Strich beginnt weiter links als Ihr erster und unterhalb der Mittellinie. Sie ist ein längerer horizontaler Strich und muss das Ende des ersten Strichs berühren. Damit dieses Zeichen nicht mit dem Katakana ㄱ verwechselt wird, achten Sie darauf, dass der zweite Strich auf beiden Seiten weiter reicht.

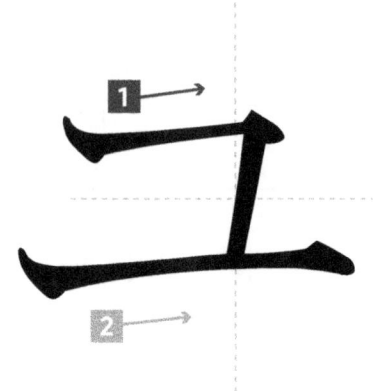

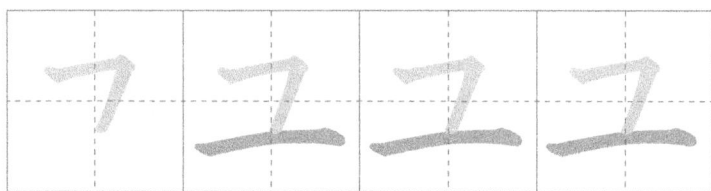

SCHREIBEN Zeichnen Sie zunächst die Formen in den großen Zellen unten nach.

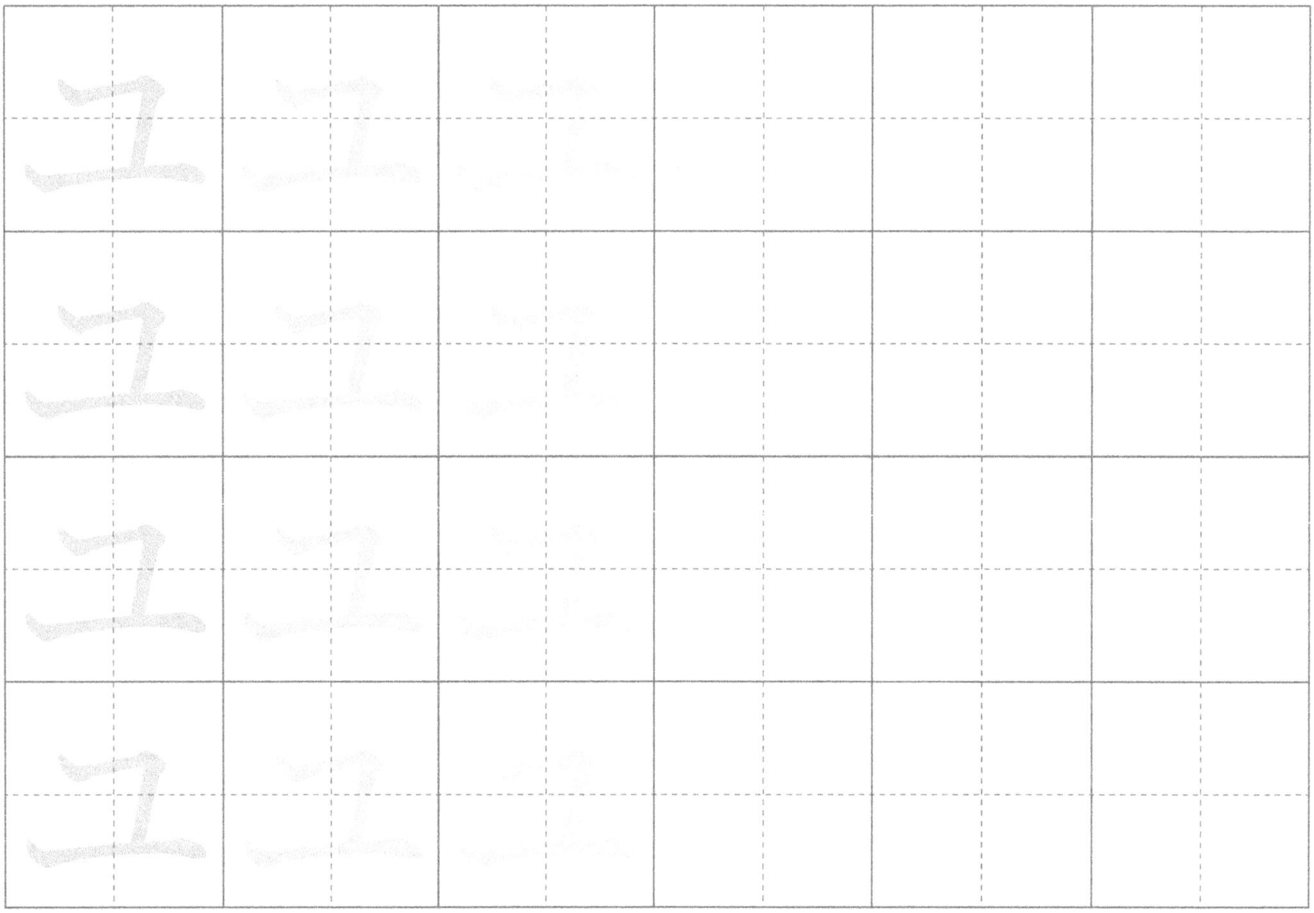

ÜBEN Üben Sie nun das Zeichnen dieser Figur in diesen kleineren Zellen.

ヨ　ヨ　yo

SPRECHEN　Wird genauso ausgesprochen wie das "Yo" in "Yo-yo".

LERNEN　Dieses Kana wird mit drei Strichen gezeichnet; alle Stopps.

Dieses Kana sieht aus wie ein rückwärts geschriebenes E und beginnt, ähnlich wie das Kana auf der vorherigen Seite, mit einer horizontalen Linie, die auf der rechten Seite in eine vertikale Linie übergeht. Ihre zweite Linie ist etwas kürzer und wird quer durch die Mitte der Zelle gezogen, um auf die Mitte der vertikalen Linie zu treffen. Der dritte Strich schließlich ist ein etwas längerer Strich, der von links nach rechts verläuft und im unteren rechten Quadranten auf das Ende des ersten Strichs trifft.

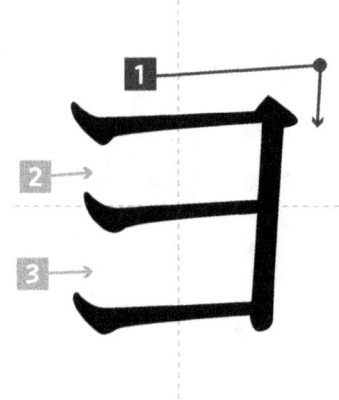

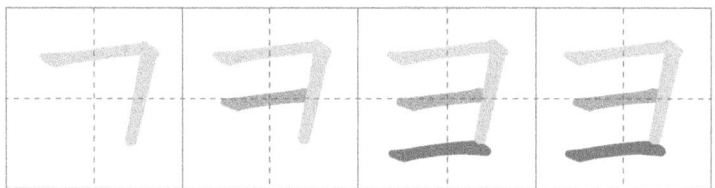

SCHREIBEN　Zeichnen Sie zunächst die Formen in den großen Zellen unten nach.

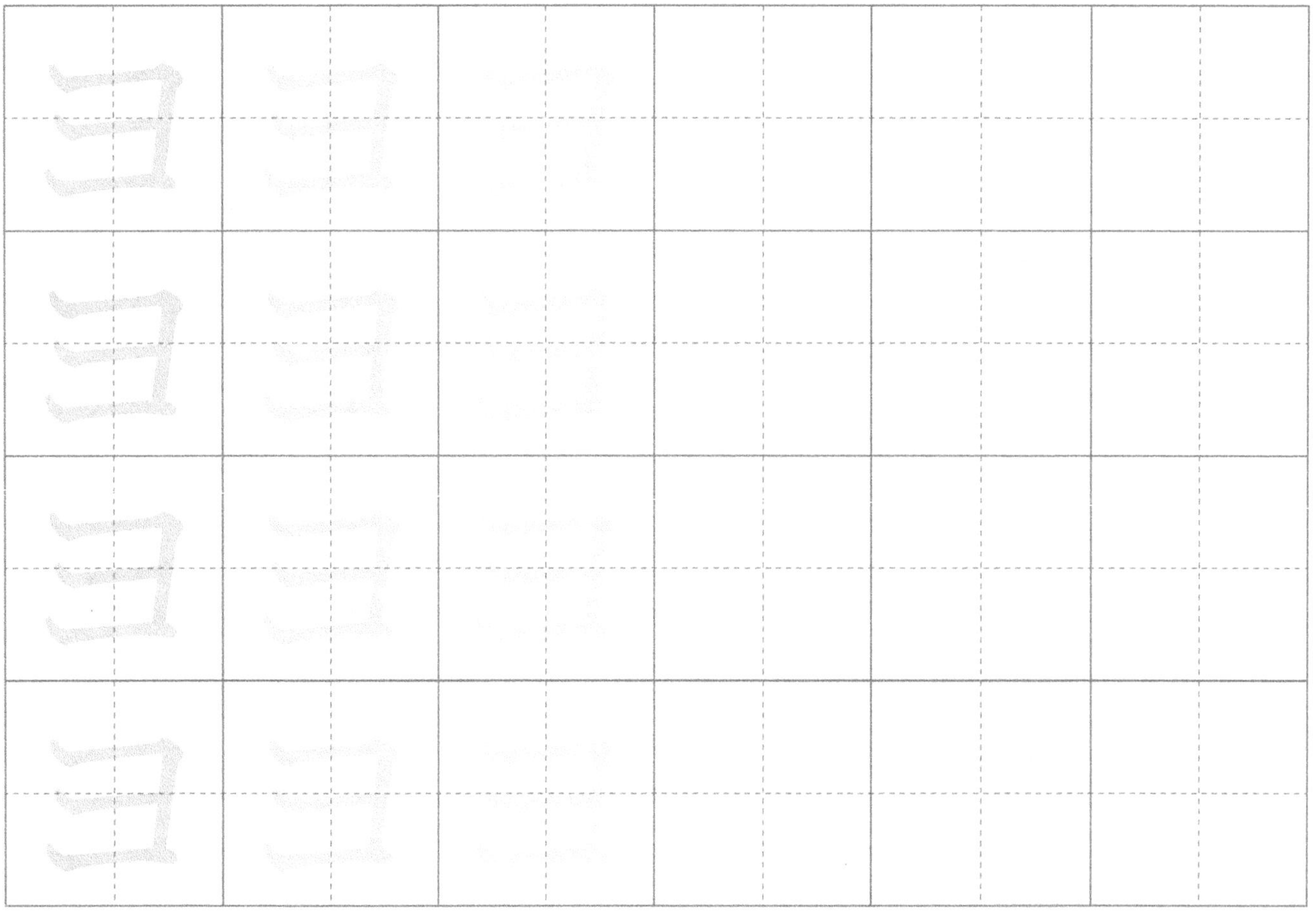

ÜBEN Üben Sie nun das Zeichnen dieser Figur in diesen kleineren Zellen.

ラ ラ **ra**

SPRECHEN Ausgesprochen wie das "Ra" in "Rahmen".

LERNEN Dieses Kana wird mit zwei Strichen gezeichnet; stoppen, ausblenden.

Beginnen Sie mit einer kurzen horizontalen Linie mit einem Stoppstrich nahe dem oberen Ende der Zelle. Strich Nummer zwei ist wie die Form der Zahl 7 und beginnt mit einer längeren, horizontalen Linie parallel zum ersten Strich. Er dreht sich dann zu einer langen, gebogenen diagonalen Linie. Blenden Sie diesen Strich in Richtung des zentralen Bereich unten aus.

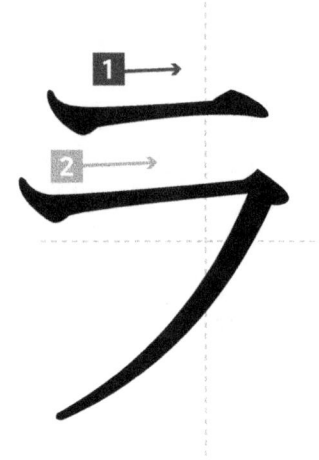

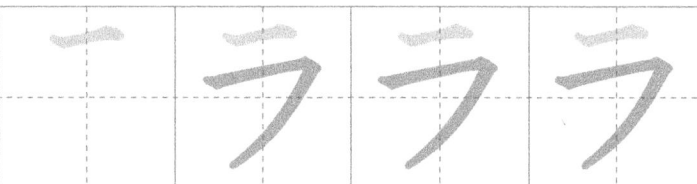

SCHREIBEN Zeichnen Sie zunächst die Formen in den großen Zellen unten nach.

ÜBEN Üben Sie nun das Zeichnen dieser Figur in diesen kleineren Zellen.

リ リ ri

SPRECHEN Ausgesprochen wie das "Ri" in "Ringer".

LERNEN Mit zwei Strichen gezeichnet; stoppen, ausblenden.

Dies ist ein weiteres Katakana-Symbol, das dem Hiragana-Gegenstück visuell ähnelt. Der erste Strich ist einfach eine gerade, vertikale Linie vom oberen linken Bereich bis knapp unter die Mittellinie. Er endet mit einem Stopp. Der zweite Strich beginnt auf ähnlicher Höhe wie der erste und wird gerade bis zur Mittellinie gezeichnet, bevor er sich zum unteren linken Bereich der Zelle zurückbiegt - beenden Sie diesen Strich mit einer Überblendung.

SCHREIBEN Zeichnen Sie zunächst die Formen in den großen Zellen unten nach.

ÜBEN Üben Sie nun das Zeichnen dieser Figur in diesen kleineren Zellen.

ル ル ru

SPRECHEN Ausgesprochen wie das "Ru" in "Ruhe".

LERNEN Dieses Kana wird mit zwei Strichen gezeichnet; beide sind Überblendungen.

Beginnen Sie mit einer geschwungenen Linie vom oberen Bereich bis zur unteren linken Seite und beenden Sie sie mit einer Überblendung. Der zweite Strich beginnt als gerade, vertikale Linie von einem höheren Punkt als der erste, und zwar genau rechts von der Mittellinie. Wenn sich der Stift dem unteren Bereich nähert, schwenkt er scharf nach rechts und endet mit einem leicht gebogenen, verblassenden Strich.

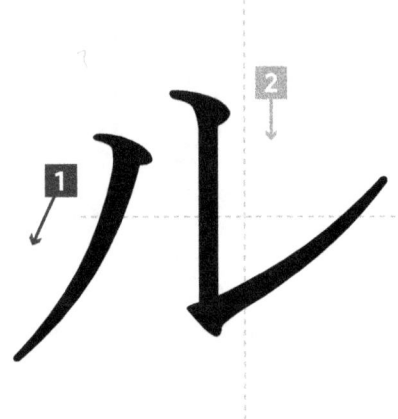

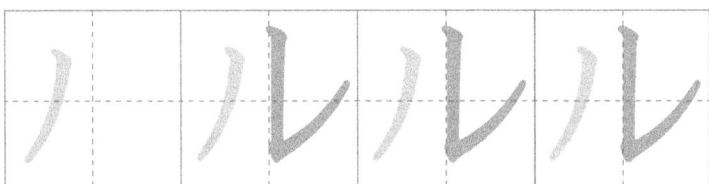

SCHREIBEN Zeichnen Sie zunächst die Formen in den großen Zellen unten nach.

ÜBEN Üben Sie nun das Zeichnen dieser Figur in diesen kleineren Zellen.

レ レ **re**

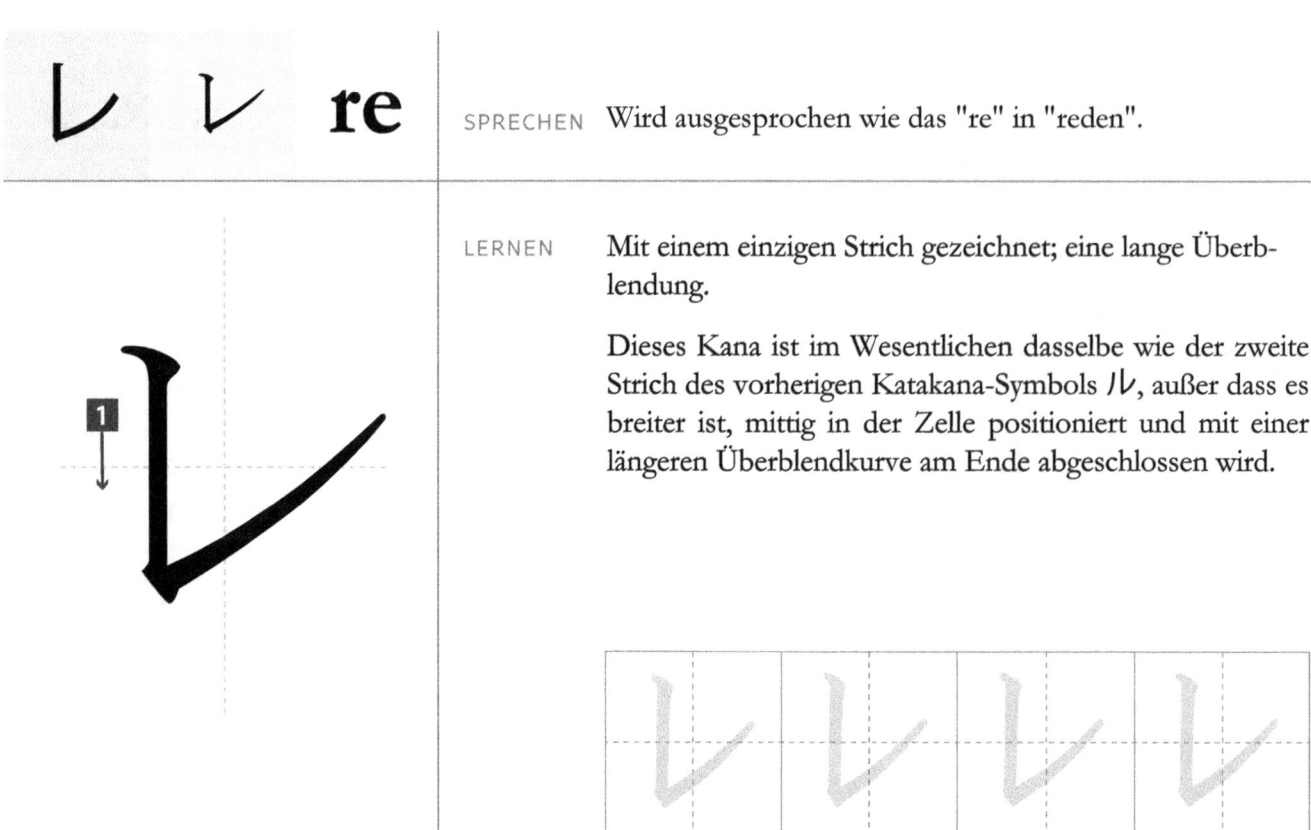

SPRECHEN   Wird ausgesprochen wie das "re" in "reden".

LERNEN   Mit einem einzigen Strich gezeichnet; eine lange Überblendung.

Dieses Kana ist im Wesentlichen dasselbe wie der zweite Strich des vorherigen Katakana-Symbols ル, außer dass es breiter ist, mittig in der Zelle positioniert und mit einer längeren Überblendkurve am Ende abgeschlossen wird.

SCHREIBEN   Zeichnen Sie zunächst die Formen in den großen Zellen unten nach.

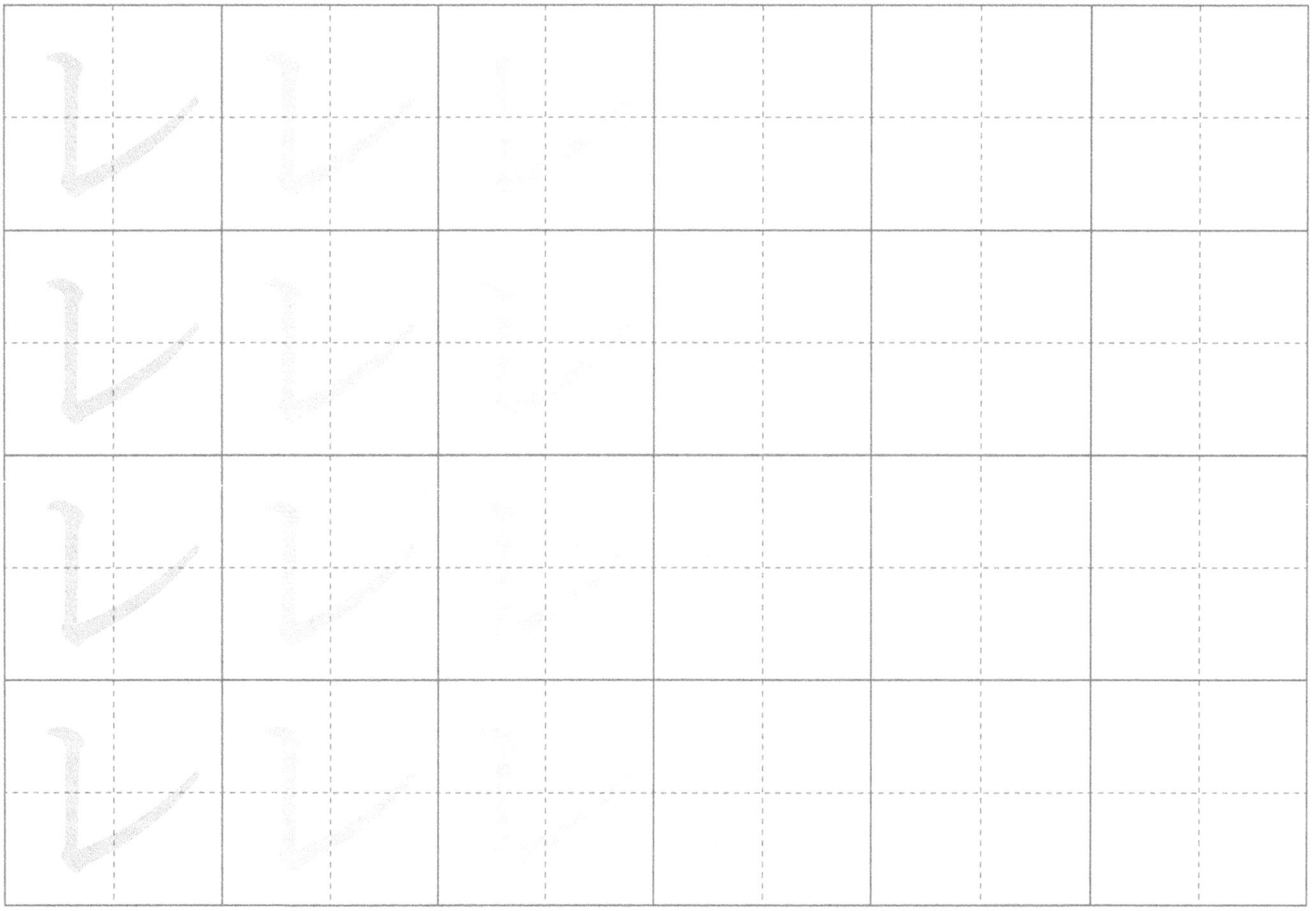

ÜBEN   Üben Sie nun das Zeichnen dieser Figur in diesen kleineren Zellen.

| 口　口　**ro** | SPRECHEN | Wird ausgesprochen wie das "ro" in "rodeln". |

LERNEN　Mit drei Strichen gezeichnet; alle sind Anschläge.

Machen Sie Ihren ersten Strich mit einer geraden vertikalen Linie in der linken Hälfte der Zelle. Der zweite Strich beginnt an der gleichen Stelle wie der erste und wird nach rechts herausgezogen, bevor er in einer geraden Linie nach unten verläuft. Der letzte Strich ist eine weitere gerade horizontale Linie, die am Ende des ersten Strichs beginnt und mit einem Stopp endet, wenn der Stift das Ende des zweiten Strichs erreicht. Die Form des Kastens wird insgesamt in der unteren Mitte positioniert.

SCHREIBEN　Zeichnen Sie zunächst die Formen in den großen Zellen unten nach.

ÜBEN Üben Sie nun das Zeichnen dieser Figur in diesen kleineren Zellen.

ワ ワ **wa**

SPRECHEN Wie das "Wa" in "Wagon", mit dem "w" von "Wut".

LERNEN Mit zwei Strichen gezeichnet; stoppen, ausblenden.

Damit dieses Kana nicht mit dem Katakana ク verwechselt wird, ist es wichtig, dass Ihr erster Strich eine gerade vertikale Linie bildet. Der zweite Strich beginnt an der gleichen Stelle wie der erste Strich und bewegt sich gerade nach rechts, bevor er sich dreht und zu einer gebogenen diagonalen Linie wird. Blenden Sie diesen Strich aus, wenn er sich dem Boden nahe der Mitte nähert.

SCHREIBEN Zeichnen Sie zunächst die Formen in den großen Zellen unten nach.

ÜBEN Üben Sie nun das Zeichnen dieser Figur in diesen kleineren Zellen.

ヲ ヲ **wo**[*]

SPRECHEN Wie das "Wo" in "Woche", mit einem stummen "w".

LERNEN Gezeichnet mit drei Strichen; lange Überblendung und zwei Stopps.

Unser vorletztes Kana-Symbol beginnt mit zwei horizontalen Strichen in der oberen Hälfte der Zelle. Es sind parallele Striche und der zweite ist etwas kürzer. Der dritte Strich ist ein langer, geschwungener Bogen, der am Ende des ersten Strichs beginnt. Er sollte auf das Ende des zweiten Strichs treffen und im unteren linken Bereich der Zelle auslaufen.

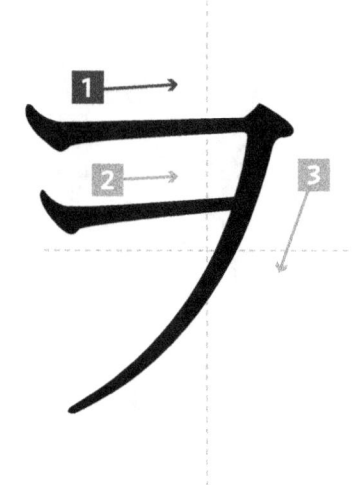

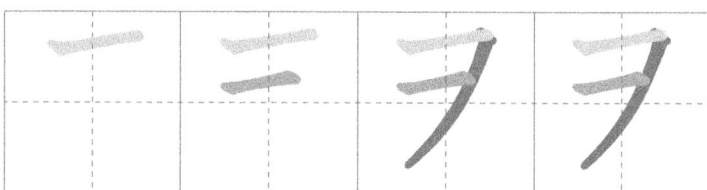

[*] *Uncommon kana, used as a particle.*

SCHREIBEN Zeichnen Sie zunächst die Formen in den großen Zellen unten nach.

ÜBEN   Üben Sie nun das Zeichnen dieser Figur in diesen kleineren Zellen.

ン ン n

SPRECHEN Ausgesprochen wie der "n"-Laut in Wappen.

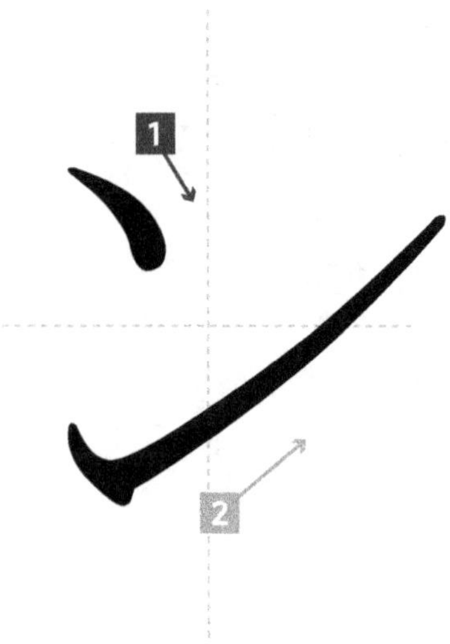

LERNEN Dieses Kana wird mit zwei Strichen gezeichnet; kurzer Stopp, Überblendung.

Unser letztes Grund-Katakana ン wird leicht mit ソ verwechselt, daher ist es wichtig, dass das Zeichen insgesamt breiter gezeichnet wird. Der erste Strich ist ein relativ kurzer, schräger, fast senkrechter Strich, der mit einem Anschlag endet. Der zweite Strich ist eine flache, geschwungene Linie, die diagonal von links unten nach rechts oben verläuft oberen rechten Seite verläuft und mit einer Überblendung endet.

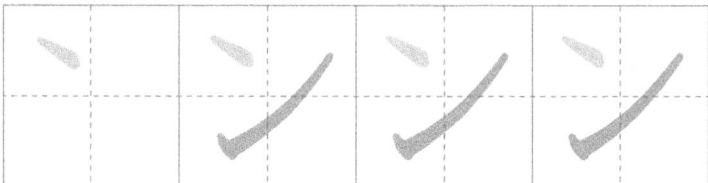

SCHREIBEN Zeichnen Sie zunächst die Formen in den großen Zellen unten nach.

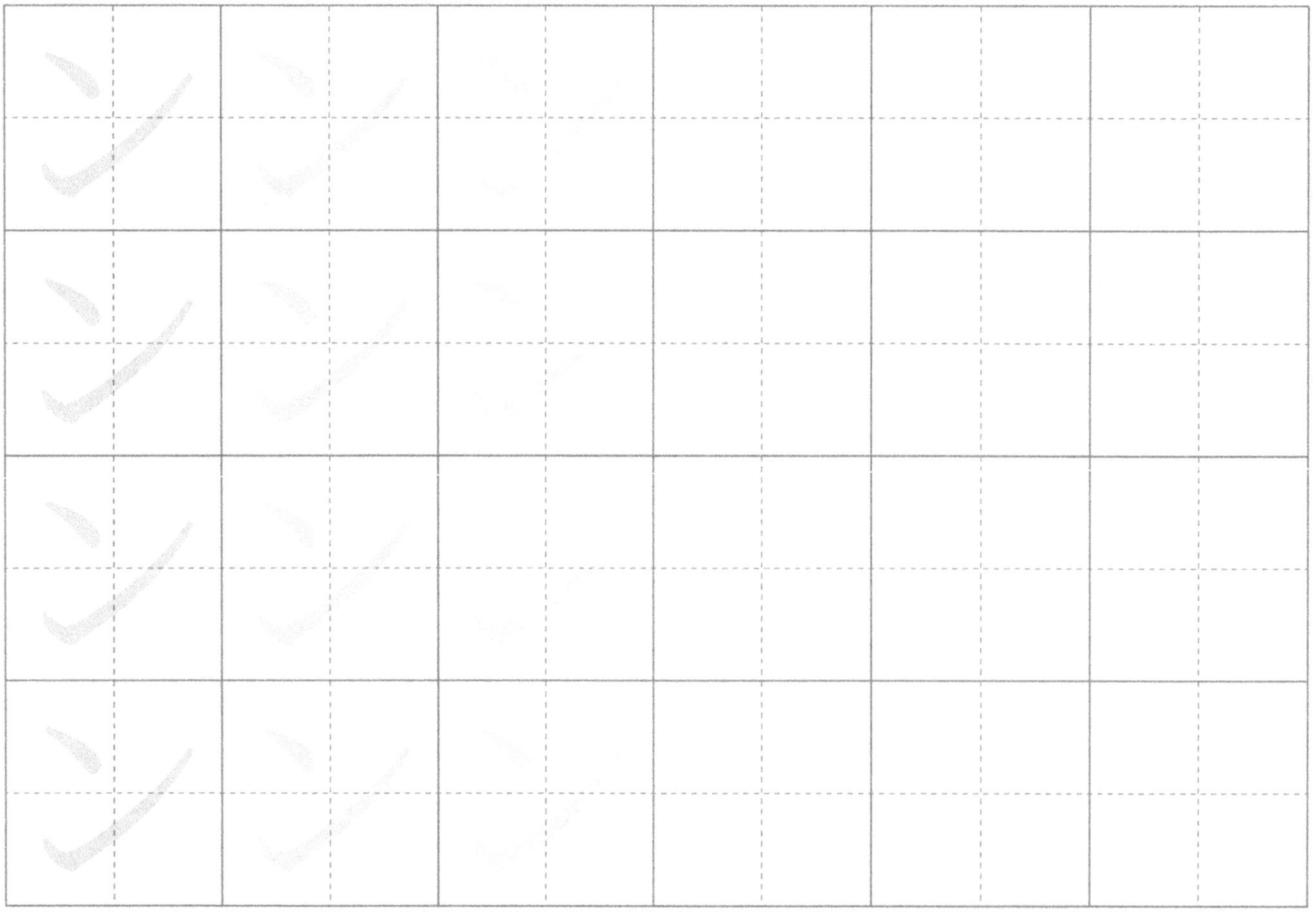

ÜBEN Üben Sie nun das Zeichnen dieser Figur in diesen kleineren Zellen.

Teil 3

GENKOUYOUSHI

RASTERPAPIER FÜR DIE WEITERE PRAXIS

Teil 4

FLASH-KARTEN

FOTOKOPIEREN ODER AUSSCHNEIDEN & AUFBEWAHREN

ア	カ	ガ
イ	ク	コ
ム	サ	ザ
エ	カ	ツ

a
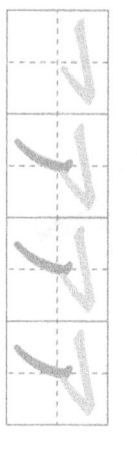
Wird ausgesprochen wie das "A" in "Apfel".

i

Wird wie das "I" in "Igel" ausgesprochen.

u

Wird ausgesprochen wie das "u" in "zu".

e
Wird als "eh" ausgesprochen, wie das "E" in "Engel".

o
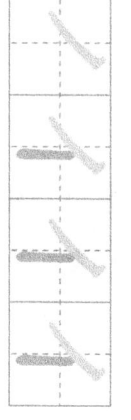
Wird ausgesprochen wie das "o" in "oben".

ka
Wird wie "Ka" ausgesprochen, wie in "Kaffee".

ki
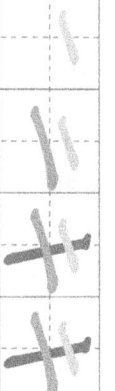
Wird ausgesprochen wie das "Ki" in "Kiste".

ku
Ausgesprochen wie "Kuh".

ke
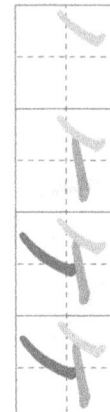
Ausgesprochen wie das "ke" in "Keller".

ko
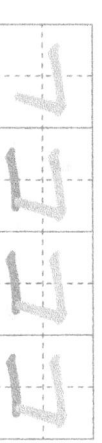
Ausgesprochen "ko" wie in "Disko".

sa
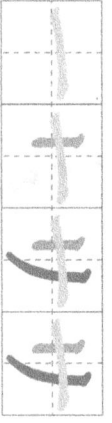
Wird wie das "ßa" ausgesprochen, wie in "großartig".

shi
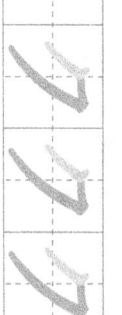
Ausgesprochen "schie" wie in "schieben".

乙	小	十
女	刈	川
丶	朴	又
丹	丁	不

su
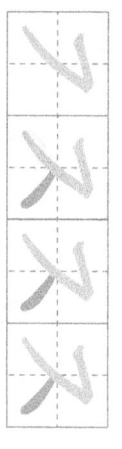
Ausgesprochen "su" wie in "super".

se
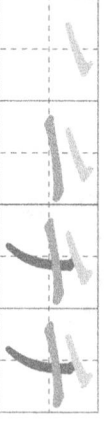
Wird ausgesprochen wie das "Sä" in "Säge".

so
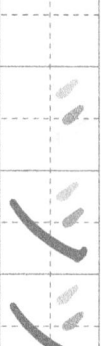
Wird ausgesprochen wie das "So" in "Soja".

ta
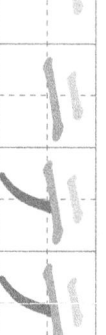
Wird wie das "Ta" in "Tag" ausgesprochen, aber kürzer.

chi
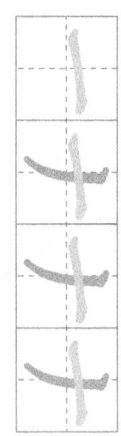
Wird genauso ausgesprochen wie das "Chi" in "Tai-Chi".

tsu
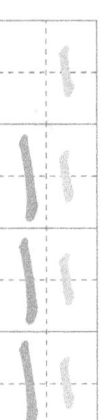
Wird genauso ausgesprochen wie das "Tsu" in "Tsunami".

te
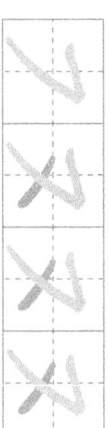
Wird ausgesprochen wie das "The" in "Thema".

to

Wird ausgesprochen wie das "to" in "toll".

na
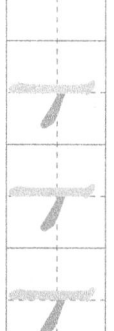
Wird ausgesprochen wie das "Na" in "Nacht".

ni
Wird ausgesprochen wie das "ni" in "niesen".

nu
Ausgesprochen wie das "Nu" in "Nudeln", aber kurz.

ne
Ausgesprochen wie das "Ne" in "Nest".

no
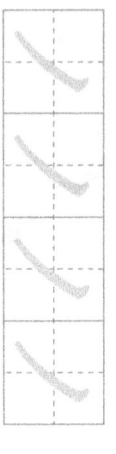
Wird wie das "No" in "Nordpol" ausgesprochen.

he

Wird wie das "He" in "Helga" ausgesprochen.

mu
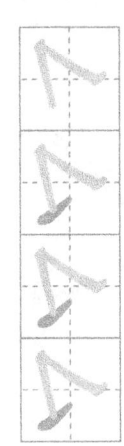
Wird wie "Muh" ausgesprochen, wie eine Kuh klingt.

ha
Wird wie das "ha" in "hallo" ausgesprochen.

ho
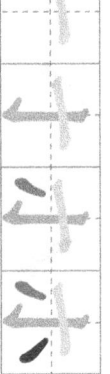
Ausgesprochen wie das "Ho" in "Hochzeit".

me
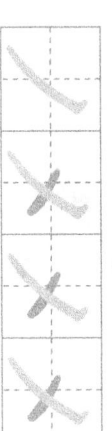
Wird als "meh" ausgesprochen, wie das "Me" in "Mensch".

hi
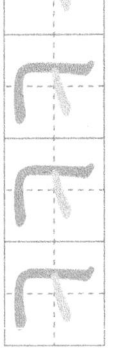
Ausgesprochen wie das "Hy" in "Hymne".

ma
Wird wie das "Ma" in "Maria" ausgesprochen.

mo
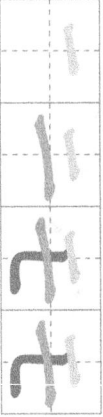
Wird genauso ausgesprochen wie das "Mo" in "Monat".

fu
Ausgesprochen wie das "Fu" in "Fuji".

mi
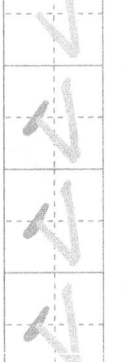
Wird als "mi" ausgesprochen, wie das "Me" in Medien.

ya
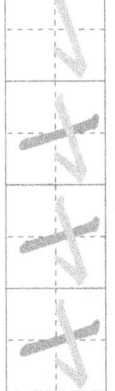
Ausgesprochen wie das "Ya" in "Yak".

yu
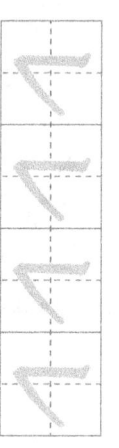
Wird ausgesprochen wie das "Yu" in "Yucatán".

yo
Wird genauso ausgesprochen wie das "Yo" in "Yo-yo".

ru
Ausgesprochen wie das "Ru" in "Ruhe".

ri
Ausgesprochen wie das "Ri" in "Ringer".

re
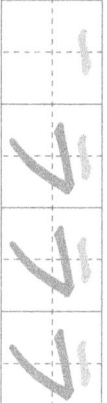
Wird ausgesprochen wie das "re" in "reden".

ra
Ausgesprochen wie das "Ra" in "Rahmen".

ro
Wird ausgesprochen wie das "ro" in "rodeln".

wa
Wie das "Wa" in "Wagon", mit dem "w" von "Wut".

wo
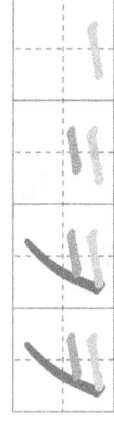
Wie das "Wo" in "Woche", mit einem stummen "w".

n*

Ausgesprochen wie der "n"-Laut in Wappen.

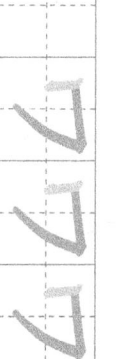
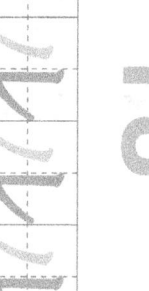

ありがとう
arigatou

Vielen Dank!

Vielen Dank, dass Sie sich für unser Buch entschieden haben!

Sie sind nun auf dem besten Weg, Japanisch lesen, schreiben und sprechen zu lernen, und wir hoffen, dass Ihnen unser Katakana Arbeitsbuch gefallen hat.

Wenn es Ihnen Spaß gemacht hat, mit uns zu lernen, würden wir uns sehr freuen, wenn Sie uns in einer Rezension von Ihren Fortschritten berichten!

Wir sind immer daran interessiert zu erfahren, ob es irgendetwas gibt, was wir tun können, um unsere Bücher für zukünftige Schüler besser zu machen. Wir sind bestrebt, die besten Sprachlerninhalte zur Verfügung zu stellen, daher bitten wir Sie, sich mit uns per E-Mail in Verbindung zu setzen, wenn Sie ein Problem mit einem der Inhalte in diesem Buch hatten:

hello@polyscholar.com

POLYSCHOLAR

www.polyscholar.com

© Copyright 2020 George Tanaka - Alle Rechte Vorbehalten.

Rechtliche Hinweise: Dieses Buch ist urheberrechtlich geschützt. Dieses Buch ist nur für den persönlichen Gebrauch bestimmt. Der in diesem Buch enthaltene Inhalt darf ohne direkte schriftliche Genehmigung des Autors oder des Herausgebers nicht reproduziert, vervielfältigt oder übertragen werden. Sie dürfen den Inhalt dieses Buches ohne die Zustimmung des Autors oder des Herausgebers nicht verändern, verteilen, verkaufen, verwenden, zitieren oder paraphrasieren.

www.ingramcontent.com/pod-product-compliance
Lightning Source LLC
Chambersburg PA
CBHW081335080526
44588CB00017B/2635